弘法大師の贈り物

橋本真人
Hashimoto Shinnin

春秋社

弘法大師の贈り物

目　次

I

弘法大師の贈り物

I

修正会——お大師さまの三力

「一年の計は元旦にあり」

年頭に際し、真言宗のお寺では修正会《しゅしょうえ》を勤めます。

修正とは、「これまでの自分自身を省み、生まれ変わった気持ちで正しく事に当たる」ということです。

お大師さまは、正しく事に当たり成功するために必要な三つの条件、「三力《さんりき》」の教えを説かれています。

一　以《い》我《が》功《く》徳《どく》力《りき》（自分の努力する力）
二　如来《にょらい》加《か》持《じ》力《りき》（仏さまの加護の力）
三　乃《ぎゅう》以《い》法《ほう》界《かい》力《りき》（宇宙全体のあらゆる縁の力）

一つ目は、自分が努力することです。努力せずして成功した例はありません。お釈迦さまの弟子への最期のお言葉も、「汝ら努力せよ」の一言でした。努力は、人生のすべての基であることを深く心すべきです。

二つ目は、「仏心とは大慈悲これなり」と説かれますように、仏さま（如来）の加護の力は、私たちすべての者が幸福であるようにと、大きな慈悲の心をもって照らし続けていただいていることです。自分ではどうにもできない時に、仏さまを心の中で念じておりますと、ご加護をいただけるのです。

三つ目は、宇宙全体に満ち満ちている法界の大いなるエネルギーが、さまざまな縁を生み出し、量り知れない力となって自分の思うことが成就いたします。ご縁に感謝し出合いを大切にすることで、人生が何倍にも豊かになります。

お大師さまは、この三つの条件が揃う時に物事が成就し、何かが欠けると失敗におわると説かれています。

世の中に努力せず、暴飲暴食し、遊び放題遊んでさとりを開いたという例は、古今東西広しといえども一度も聞いたことはありません。

今年のお正月は、新たな希望を心に描き、「三力」を日常生活の指針として、自他共に喜び合える一年にいたしましょう。

（参考資料『生かされている命』桐生公俊）

星まつり

冬の美しい満天の星空を眺めると、無限なる宇宙の神秘を感じます。「一番星を見つけると幸せになれる」、「流れ星は願いごとをかなえてくれる」など、古来より星にまつわる言い伝えや神話が語り継がれています。

真言宗では、大宇宙という大きないのちの中に自分がある。いわば自分の中に大宇宙が含まれていて、そのいのちは無限の広がりをもつ、と説きます。するとと、自分のいのちと星のいのちが脈々と結びついているという共感がそこに生まれます。いのちというものは個として存在しない、宇宙に存在するすべてのいのちと結びついているのです。

これがお大師さまの生命観です。まさに「宇宙の中のいのちのつながり」を説かれています。

お正月のおとそ気分が落ち着いた頃、二月に入り節分を迎えます。節分を前後として、真言宗の寺院では星まつりを盛大につとめます。

お大師さまが伝えられた『宿曜経《しゅくようきょう》』に基づく暦では、節分を「運勢を改まる日」（人の運勢は毎年、節分を境にして変わる）とし、今年の自分の数え年に当たる星を祈願していただくのが星まつりです。

幼い頃、節分の日には、かならず祖母に手を引かれて自宅近くの真言宗のお寺にお参りしたものです。「今年もいいことがあるように、お寺さまに拝んでいただきましょうね」と、お札とお守りを授かり、自宅に帰ってランドセルのお守りを交換したことを思い出します。

星まつりの祈願は、難を除き運気を高めます。その根拠は、「自分のいのちと星のいのちがつながっている」という、真言宗の壮大な生命観に照らし合わすと、理にかなったことといえましょう。

私たちも、その生命観に導かれることで、よりよい人生を歩むことができるのです。

いのちの不思議

厳しかった冬が過ぎ、おだやかな春を迎えました。「暑さ寒さも彼岸まで」、桜のつぼみもふくらみ、木蓮の花も咲きならんで、自然の摂理にいのちの不思議を感じます。

人身受け難く今すでに受く
仏法聞き難し今すでに聞く

今、人間としていのちをいただいている。

今、仏さまの教えを聞かせていただいている。

それがどんなに稀《まれ》なことで有り難いことでしょう。有り難いとは、めったにあることではないという意味です。

生命科学の世界的権威である村上和雄先生は、「生命が生まれる確率は、一億円の宝くじが連続して百万回当たるほどの偶然といった計算もあります。生きているのは、ただごとではない」と教示されています。

その「いのち」とは何だろうかと考える時、私たちは今、便利な生活に慣れて、いのちの尊さを見失っているように思います。

お大師さまは「私たちのいのちは、空を飛ぶもの・地に潜《もぐ》るもの・水に泳ぐもの・林に遊ぶもの、すなわち宇宙に存在するすべてのいのちに支えられている」(『性霊集《しょうりょうしゅう》』)と説かれています。

自分のいのちが、かけがえのない大切なものであると自覚した時、周りの人も草も花も鳥も獣も、自分と同じように尊いいのちを生きているのだと気がつくことでしょう。

私たち一人ひとりは、大きな生命世界の一員であり、その自覚のうえに、具体的に人生のあり方を考えるという真言密教の生命観を、お大師さまは千二百年前に、高野山から都の一般大衆に向け発信されています。

彼岸を過ぎますと、山深い高野山にもいよいよ春の到来が告げられます。

お盆

高野山奥之院の入口である一の橋から、老杉《ろうさん》の大木に囲まれた石畳の参道をお大師さまの御廟《ごびょう》に向かって歩きますと、日常生活では味わうことのできない静寂さに包まれます。

その参道の脇に、松尾芭蕉の句碑《くひ》がひっそりと立っています。

父母のしきりにこひし雉子《きじ》の声

父母の菩提を祈る旅を続けていた芭蕉が高野山に登嶺《とうれい》され、雉子の鳴く声を聞いて、亡き両親の面影が心に映しだされたのでしょう。

お大師さまは、生命の源である父母の恩の深さを、「厳しいお父さん、慈しみのあるお母さんから受けた恩は、すべてを包みこむ天のように、万物を載せて育む大地のように、果てしなく広く大きい」（『性霊集』）と説かれています。

お盆が近づくと各地で帰省ラッシュが始まり、人は目には見えない何かに導かれるように故郷へ帰ってゆきます。故郷には父がいて母がいて、ご先祖様がおられます。

一年に一度、ご先祖様をうやうやしくお迎えし、僧侶のお経をいただいて、家族の無事を祈り、お墓参りをいたします。そして、お仏壇を囲んだ家族のお盆の語らいは、ご先祖様への報告でもあり、感謝の念でもあるのです。

仏教詩人の坂村真民先生は、一つの詩を残しておられます。

頭よりも足　足を忘れるな
花よりも根　根を忘れるな
見えるものより　見えないものを忘れるな

本当に大切なものは、私たちをいつも支えてくださっている足であり、土の中から養分を吸い上げる根であり、そうした目に見えない陰の働きがあってこそ、はじめて陽のあたる世界が成り立っています。

そのことを誰もがつい忘れがちです。私たちの生命の根っこは、両親すなわちご先祖様をおいて他にありません。お盆には、生前かなわなかった報恩の気持ちを込め、一味ちがった心からの供養を勤めましょう。

その供養は、いつか恵みいっぱいの宇宙の根源に至って、幸せで豊かな人生が皆さまのもとに必ずもたらされることでしょう。

彼岸はしあわせ

厳しい暑さもやわらぎ、さわやかな実りの秋を迎えました。古来、季節的に自分自身を省みるにふさわしいことから、「こころの秋《とき》」とも言われます。

一般的に彼岸は、悟りの世界＝あの世と解釈しますが、真実の彼岸は、この世にあり、私たち一人ひとりの心の中にあります。彼岸を、「しあわせ」という言葉に置きかえてもいいでしょう。

しあわせは　いつも

じぶんの　こころが　きめる

これは相田みつをさんの詩ですが、よく考えてみると、確かにそのとおりです。「あの人さえ変わってくれれば、私はしあわせになるのに」と思っている間は、どこに行っても不平不満がわいてきます。

中国に次のような説話があります。都で名高い詩人の白楽天が、道林《どうりん》和尚を訪れ、「仏の教えの真髄とは何か」と尋ねると、和尚は「もろもろの悪いことはするな、常に心を清めて善きことをする、これが真髄だ」と。

「そのようなことは、三歳の子どもでも知っている」という白楽天の反論に対して、「三歳の子どもでもわかっているが、八十歳の老人でもそれを実践した生き方はできていない」と説きました。

白楽天は道林和尚の説法に触れ、善行の実践が幾多の過去のあやまちを清め去り、自分の心の中に「しあわせ」をもたらすことを悟ったのです。

お大師さまは『秘蔵宝鑰《ひぞうほうやく》』の中で、「悪を断ずるが故に苦を離れ、善を修《しゅ》するが故に楽を得る」という名句を残されています。

自らすすんで、善行を実践することにより、物の見方、接し方にも大きな変化が顕れます。そうすると相手の立場もわかり、理解が生まれ、自分自身の心も楽になり、おのずと安らぎが生まれるでしょう。

彼岸（しあわせ）の扉は、他人に「ありがとう」と言ってもらえる善行の功徳《くどく》によって開かれます。

心の杖

人生はよく旅にたとえられます。一昔前まで、旅にあって力となったのは杖です。人生が旅のようなものだとすれば、何か杖となるものが必要でしょう。

四国八十八ヶ所を巡礼する人は、金剛杖《こんごうづえ》という杖をついています。金剛杖はお大師さまの身代りです。たとえ一人で巡礼しても、同行二人《どうぎょうににん》、金剛杖をついていれば、お大師さまがいつも一緒であるということです。

中国の故事に次のような教えがあります。

扶過断橋水　扶《たす》けては断橋《だんきょう》の水を過ぎ
伴帰無月村　伴《ともな》っては無月《むげつ》の村に帰る

橋が落ちていても、杖が一本あれば、浅い深いを確かめて渡ることができる。闇夜であっても杖をついていると、無事わが家に帰ることができる、という意味です。

私の知人で、二十歳の時に交通事故で光を失った全盲の男性がいます。自立支援センターで厳しい訓練を受け、白い杖をつけば、ほぼ支障なく日常生活が送れるようになりました。

お大師さまのお導きで、彼といっしょに四国八十八ヶ所巡礼をさせていただく仏縁に恵まれました。無事に巡礼を結願して、高野山奥之院に御礼参りを済ませることもできました。

後日、私の手元に彼からお礼の絵葉書が届きました。よく見ると、星野富弘《ほしのとみひろ》さんの菊の絵と詩が添えられています。

母の手は菊の花に似ている
固く握りしめ
それでいてやわらかな母の手は
菊の花に似ている

「母の手が心の杖となって、陰となり陽向《ひなた》となり、今まで私を支えてくれました。そのぬくもりを忘れることはありません」と話してくださいました。母の手のぬくもりを忘れていた私は、目頭が熱くなりました。

一度、自分にとっての人生における「心の杖」について考えてみましょう。

御詠歌の救い

わずかに春雪が残る春のお彼岸の出来事です。高野山奥之院の茶処（頌徳殿《しょうとくでん》）で、白布に包んだご遺骨を前に、もの思いにしずむ一人の女性がいらっしゃいました。

「どちらからお参りですか」と尋ねますと、ハンカチを目頭にあてながら、東日本大震災で、仕事帰りのご主人が津波に遭遇して消息不明となり、ご遺体は戻らず、自宅の庭にあった小さな石をご遺骨となされたことをお話しくださいました。

「私にとってこの石は亡き主人そのものです。納骨のため高野山に上りましたが、足がすくんでどうしても気持ちの整理がつきません」と。

その時、茶処で時間を合わすかのように、本山布教師《ほんざんふきょうし》の法話が始まり、女性も参拝者にまじって熱心に耳を傾けていました。お話の結びに、心が洗われるような御詠歌をお唱えされました。

ありがたや　高野《たかの》の山の岩蔭《いわかげ》に　大師はいまだ在《おわ》しますなる

（高祖弘法大師　第一番　御詠歌）


「お大師さまが今ここにいらっしゃる」、そのような気持ちになり、多くの方が涙を流されていました。

法話が終わりしばらくしますと、その女性は「決心がつきました。お大師さまは、これから先ずっと主人に寄り添ってくださるのですね」。

女性はこのように話され、ご遺骨を胸に抱いて、しっかりとした足取りで御廟に向かわれました。

人は、いつどこで、どのようなかたちで救いに与《あずか》れるかわかりません。その女性にとって本山布教師の唱えられた、高祖弘法大師第一番の御詠歌は、お大師さまのお救いそのものでしょう。

高野山の奥之院で、善き出会いをいただきました。

満月に坐る

「仏心は満月の如《ごと》し」とは、お大師さまが『秘蔵宝鑰《ひぞうほうやく》』で語られた名句です。

昨秋のお彼岸のこと、お寺の境内に見慣れないピンク色のスポーツカーが勢いよく入ってきました。車から二十歳くらいの若い女性が降り立ち、落ち着きのない様子で辺りを見渡しています。

お話をうかがうと、毎晩悪夢にうなされ、最近は幻覚を見ることさえあると言うのです。

私は、すぐさま本堂で、自分の心に満月をイメージする瞑想、「月輪観《がちりんかん》」の手

ウメ

シャクヤク

ほどきをいたしました。そして就寝前に、わずかな時間でも「月輪観」を行じるよう伝えました。

それから一ヶ月後、にこやかな顔立ちの女性がお寺の門前に立っておられました。一瞬目を疑いましたが、よく見ると、以前お寺に立ち寄られた女性に違いありません。

「毎晩、ベッドの上で満月を思い浮かべながら坐ると、悪夢にうなされることがなくなり、次第に幻覚を見ることがなくなりました。私は今まで、悪夢から解放されることはない、と思い込んで生きてきたように思います」と話されました。

お大師さまの弟子、実慧大徳《じちえだいとく》が、次のような比喩《ひゆ》を書き記しています。

夜空に満月があり、その間に雲がかかっているとします。人間は雲が邪魔で、とり払うことばかり考えます。

そうではなく、満月（仏心）に人間が坐ったらどうか。満月をさえぎる雲（迷いの心）をとり払うことにやっきとなるのではなく、満月に坐る。そうすれば雲は邪魔にならないというのです。

私たちの日常は、雲に振り回され、肝心な満月を忘れてしまいがちです。秋のお彼岸には、十五夜の満月に自分の心を重ねてみましょう。

月輪観　自分の心に月輪（満月）を観じる真言密教の瞑想法。真言禅とも言います。基本的には、秋の名月のように描いた月輪観の本尊（掛け軸）を眼前に安置して行じます。月輪の静かなる輝きを胸中に収めると、自然と生の充実感が湧いてくるのを覚えます。（参考資料『真言密教の常識』田中千秋）

自他共に

「尊いいのちが助かってよかった。人のいのちは地球よりも重い」

各地でお盆の行事が行われていた、去る年の八月十五日の夕方、テレビ画面から慈顔の年輩男性が心のこもった声で力強く語られました。

山口県周防大島町で行方不明になっていた二歳の男の子が、大分県からボランティアに駆けつけた御年七十八歳（当時）の尾畠春夫さんによって無事に発見されました。

尾畠さんは平成十六年（二〇〇四）の新潟県中越地震以来、全国の被災地でボランティアを経験されてきました。東日本大震災では計五百日、熊本地震にも駆けつけ、西日本豪雨でも、広島県呉市で民家から泥をかき出す作業に連日汗を流されています。

自宅から中継されたテレビ報道を観ていますと、「南《な》無《む》大《だい》師《し》遍《へん》照《じょう》金《こん》剛《ごう》」の文字を背にしてインタビューに応じる尾畠さんのお姿が映し出されました。もともと大分県別府市で鮮魚店を営んでいた尾畠さんは、六十五歳の時に店を閉じ、白装束を身につけ、手押し車を押しながら、「東日本大震災の復興」を願う遍路旅も経験されています。

地元の警察、消防団が延べ三百八十名で三日間捜索して発見に至らなかった状況の中、土地勘のない尾畠さんがわずか三十分で男の子を発見した背景には、永年のボランティア経験で培われた直感力と、必ずや救出して家族に手渡すという強い思いに尽きるでしょう。世間一般的には、個人の楽しみだけを考えながら過ごす後半生を、「社会への恩返し」をモットーに生きる尾畠さんのお姿に、並々ならぬ利他行の精神を感じずにはおれません。

お大師さまの説かれた真言密教では、「現実世界に存在するものはすべて、大日如来という一つの生命に包まれて、お互いに深いつながりをもちながら生きている」と考えます。つまり私たち人間がもつ本来の意識に目覚めれば、すべての生命は平等であるということです。

私たちが日常お唱えする『仏前勤行次第《ぶつぜんごんぎょうしだい》』の最後に、「回向句《えこうく》」があります。その一文に、「われらと衆生《しゅじょう》と皆共《みなとも》に仏道を成《じょう》ぜん」と記されています。真言宗の祈りの根幹は、自分一人がしあわせであればいいという思い上がりではなく、他者のしあわせを願う、利他行の実践にあります。

尾畠さん愛用のヘルメットには、被災者を励ますための言葉、「朝は必ず来る」の文字が自筆で書かれています。いのちの尊さは、「他者の心に寄り添った時、はじめて見えてくるものである」ということを、尾畠春夫さんの利他行のお姿から学ばせていただきました。

人生は出逢い

弘法大師は、三十一歳の時に、唐の都、長安にお渡りになり、青龍寺《しょうりゅうじ》の恵果《けいか》和尚《かしょう》をお訪ねになりました。

恵果和尚は初めて出逢う弘法大師に、「私はあなたとお逢いできる日を、今日か明日かと待っていました。私の体得したすべてのものをお授けしましょう」と告げられ、真言密教の教えを余すことなくお伝えになりました。

すべてのお授けが了《おわ》るのを待つかのように、恵果和尚は出逢《であ》いから半年後に息を引き取られました。

その夜のこと、道場において弘法大師が仏さまを拝んでいますと、目の前に恵果和尚が生けるがごとくお姿をあらわし、「私とあなたは深き縁でつながっています。その縁は一度や二度のことではありません。次は、私があなたの弟子となって生まれ変わります。一刻も早く日本に帰って、真言密教の教えを弘めなさい」と、慈愛に満ちたまなざしで語られたのです。

弘法大師は、千人の弟子を代表して恵果和尚のお人柄を讃えるご文章をつづられ、「虚往実帰《きょおうじっき》（虚《むな》しく往《ゆ》いて、実《み》ちて帰る）」という名句を残されました。「虚しい気持ちで和尚のもとを訪ねても、ひとり残らず満ち足りた心となって帰っていった」という意味です。

まさにお二人の運命的な出逢いをあらわした素晴らしいお言葉です。

一度きりの人生は、さまざまな出逢いによってその全てが決定づけられます。皆さん、今日一日の出逢いを大切にいたしましょう。その積み重ねが豊かで幸せな人生を築き上げます。（参考資料『空海はいかにして空海となったか』武内孝善）

慈しみの心

やさしい春の陽光は、私たちに明るい希望をもたらしてくれます。大地のぬくもりが草花の芽を育むように、あたたかな人のぬくもりは、慈しみとなって閉ざされた心を開きます。

一昔前、「スクールウォーズ」という青春学園ドラマがお茶の間を賑わわせました。主人公の熱血教師、滝沢賢治先生が赴任先の高校で、校内暴力で荒れた生徒を教導し、高校ラグビー日本一を成し遂げた物語です。

滝沢先生が、中学生時代に野球部の監督から諭された、「相手を信じ、待ち、許す」という教訓を自身の信条として貫き、数々の苦難を乗り越えていく印象的なドラマでした。

私たちの長い人生の中には、実に相手の許し難い行為に直面することが多々あります。お大師さまは、罪を犯した他者の許しを請うための文章を幾度となくつづられています。

そのお心は、「冬天に暖景《だんけい》なくんば、梅麦《ばいばく》なにをもってか華を生ぜん」(『性霊集』)というお言葉に集約できるでしょう。

冬の厳しさだけでは育たなかった花が、暖かな光をあびて花を咲かせるように、閉ざされた人の心は他者を思いやる慈しみの心によって救われるという意味です。

慈しみ

一切の生きとし生けるものは幸福であれ
安穏《あんのん》であれ　安楽であれ

一切の生きとし生けるものは幸であれ
何びとも他人を欺《あざむ》いてはならない
たといどこにあっても他人を軽んじてはならない
互いに苦痛を与えることを望んではならない
この慈しみの心づかいをしっかりとたもて

（『仏教のこころ』中村元）

あたたかな春光をあびて手を合わせると、自ずから心は浄化され、慈しみの心がしっかりと芽生えます。

六方礼のおしえ

仏教の開祖お釈迦さまの説法の中で、とくに意義深いものに、「六方礼《ろっぽうらい》」の教えがあります。

インドの国でお釈迦さまがご存世の時、シンガーラという一人の青年が毎日早朝に起きて身を清め、合掌して東・南・西・北と天・地の六方に向かって礼拝していました。

ある朝、お釈迦さまが托鉢の修行中、自宅の前で手を合わせて礼拝するシンガーラの姿に接しました。最初に東の方に向かって手を合わせ、次に南の方、西の方、北の方と同じことを繰り返し、それから天と地に向かって礼拝しています。その敬虔《けいけん》な礼拝の姿に感動なされたお釈迦さまは、「あなたは、この礼拝を誰から教わったのか」と尋ねました。するとシンガーラは、「亡き父母も同じようなことをしていました。私はそれを毎日実行しているにすぎません」と答えました。

そこでお釈迦さまは、意味を知って拝めばさらに礼拝の意義が深まることを話され、「六方礼」について次のように説かれました。

「東方を拝むときは、私を生み育ててくださった父母に感謝し、南方を拝むときは、私を導いてくださった先生に感謝し、西方を拝むときは、妻と子どもに感謝し、北方を拝むときは、友人や社会に感謝し、天を拝むときは、仏さまの恵みに感謝し、大地を拝むときは、自分より若年の人に感謝せよ。それが六方を礼拝する意味である」と。

「六方礼」の学びを通じて、令和という新しい時代に、自身を見つめ直すことは意義深いことです。

ご仏前を整えて、亡き人が「今ここに在る」との思いを胸に、供養と礼拝につとめましょう。

やがて、その功徳が自身に廻《めぐ》らされ、新時代にふさわしい豊かな真心が養われることでしょう。

大師はいまだおわしますなる

お大師さまは、承知二年（八三五）三月二十一日に高野山において、ご入定《にゅうじょう》なされました。その八十六年後、延喜二十一年（九二一）秋のことです。時の帝《みかど》、醍醐《だいご》天皇の夢枕にお大師さまがお立ちになり、一首の和歌をお詠《よ》みになりました。

高野山《たかのやま》　結ぶ庵《いおり》に袖朽《そでく》ちて　苔《こけ》の下にぞ有明《ありあけ》の月

（高祖弘法大師　第二番　御詠歌）

夢からさめられた帝は、「空海上人は、今も高野の樹下に身を留め、衣の袖が朽ち果てるまで、世間の闇を照らしておられる」とお気付きになり、衆生救済に生きる空海上人のお姿に深く感動され、「弘法大師の諡号《おくりな》」と、「桧皮色《ひわだいろ》の御衣《ぎょい》」下賜《かし》の勅命を下されました。

私たちが「弘法大師さま」「お大師さま」と親しく慕っている大師号は、醍醐天皇からたまわったものです。

延喜二十一年（九二一）十月二十七日、勅使の平維助卿《たいらのこれすけきょう》一行が高野山に登嶺し、厳かに宣命を読み上げられました。

時の高野山座主《ざす》、観賢《かんげん》僧正は下賜伝達のため、弟子の淳祐《しゅんにゅう》をともない、うやうやしく御廟の扉を開いて中へ進まれました。廟内は深い霧が立ち込め、お大師さまのお姿を拝することはできません。

観賢僧正は修行の足らざるを深く懺悔《さんげ》し、「ご尊容を拝することを許したまえ」と祈念されました。すると霧が晴れて雲の中から満月の出《いず》るが如く、お大師さまのお姿を拝することができました。

観賢僧正はうれし涙にむせびつつ、肩まで長く伸びたお大師さまの髪をお剃りし、醍醐天皇よりたまわった新しい御衣にお召し替えいただきました。

この時、弟子の淳祐はご尊容を拝することができず、観賢僧正は淳祐の右手をとって、お大師さまのお膝にそっと導かれました。この時以来、淳祐の右手には清らかな香の薫りが移り、生涯ゆかしい薫りを保ち続けたといわれます。

いよいよ御廟を退座し、御廟ノ橋の袂《たもと》で後を振り返ると、そこにお大師さまのお姿がありました。「不肖《ふしょう》、観賢ごときをお見送りいただきまして」とお礼を申し上げると、お大師さまは、「汝一人を送るにあらず、ここへ訪ね来たるものは、誰一人漏らさず」と、おおせられました。

ありがたや　高野《たかの》の山の岩蔭《いわかげ》に　大師はいまだ在《おわ》しますなる

この和歌は鎌倉時代初期、比叡山の座主であられた慈鎮《じちん》和尚の御作です。和尚様は、今も生きて衆生救済をなさるお大師さまを拝したいと高野山に登嶺なされ、奥之院の御廟でお大師さまにお逢いできた喜びを詠まれたのです。

聖地高野山は、お大師さまのすべてを包みこむ温かな慈愛であふれています。令和二年（二〇二〇）、醍醐天皇より「弘法大師」の諡号が下賜されて千百年の慶事を迎えました。

Ⅱ

蓮の花

花には人のこころをなごませる美しさがあります。洋の東西を問わず、人びとは古来より花と深く関わりながら生活をいとなんできました。

とくに、四季折々の自然の美しさに恵まれた日本人の花を愛する気持ちは、現在にあってもさまざまな形で受け継がれています。その花の中でも、仏さまの徳を示す神秘的な花として、私たちのこころを引きつけるのが蓮の花です。

昭和二十六年（一九五一）、植物学者大賀《おおが》一郎《いちろう》博士が並々ならぬ苦心の末、千葉県検見川《けみがわ》の遺跡から弥生時代（約二千年前）の蓮の種子を発見されました。

大賀博士が、昼夜を問わず祈るような気持ちで見守る中、四日目の夜ふけ、蓮は習性どおりに種子から青い芽を出したのです。あくる年の七月、あざやかなピンク色の蓮の花、通称「大賀ハス」が見事に開花しました。

蓮の花が開花するのは、東の空に美しい明けの明星がかがやく夜ふけの寅の刻（午前三～四時）と称する時間帯です。

高野山の修行僧が起床して、仏さまにお供えする「閼伽水《あかすい》」を汲むのも同じ時間帯で、古来、寅の刻には「水に花が咲く」と信じられ、花水《けすい》と称されています。まことにこの時刻は万物寂《じゃく》として声なく、水中の虫も眠ると伝えられ、至極《しきょく》澄浄《ちょうじょう》です。

弘法大師は、『般若心経秘鍵《はんにゃしんぎょうひけん》』の著述で「蓮《はちす》を観《かん》じて自浄《じじょう》を知る」という名句を残されています。「美しく咲く蓮の花をこころの眼《め》で観ずれば、自分自身が本来清浄《しょうじょう》であることを自覚できる」という意味です。

つまり、この世に存在するすべての人びとは、一人残らず本来、こころの奥底に蓮のような澄浄《ちょうじょう》の美しさを備えているということなのです。そのこころの美しさは、まったく平等であるのです。どんなお年寄りも赤ちゃんも、男も女もなんら差別はありません。

しかし、そのこころの美しさに気づかず、一生を送っている人がどんなに多くいることでしょう。私たちは、お互いに、そのこころの美しさのはたらきに、支えあって生きているのです。共に生き、共に支える生き方に感謝し、「ありがとう」といえる人生を送りたいものです。

数千の灯籠の耀きに

数年前の十一月末、本山布教師の任務として金剛峯寺《こんごうぶじ》新別殿で駐在布教させていただいている時のことです

晩秋の祖山は、夕刻四時頃には辺り一帯がうす暗くなり、宿所の大師教会に戻ろうとした時、一組のカップルがお参りになりました。男性は日本人、女性は頭からスカーフをまとわれ、お聞きしますと、中東サウジアラビアの方とのこと。「今から高野山の有り難いところにお参りをしたいのですが」とのお尋ねに、私は「ぜひお大師さまの御廟《ごびょう》にご参拝ください」と申し上げ、お見送りをしました。

その別れ際の後姿に、暗い影を感じたのは事実です。

明朝、宿所で朝食をいただいておりますと、「お客様です」との声に玄関に出向きますと、そのカップルが立っています。

私の姿を見るや否や、お二人が「いのちを救っていただき、ありがとうございました」と、両手を強くにぎりしめられたのです。

応接室でお話しをうかがうと、男性は石油会社にお勤めでサウジアラビアへ赴任中、その女性と恋に落ち、遠距離恋愛の末に結婚を誓い合ったものの、男性の両親に猛反対され駆け落ち同然に家を飛び出し、行き着いたのがこの高野山とのことでした。

さらに「どうせ死ぬなら、最後に有り難いところにお参りしてから、車に積んできたガスボンベであの世に、と思っていました」と。ところが「奥之院で黄色の法衣《ころも》を着たお坊さんに出会い、親切に御廟までご案内くださったのです」。

二人はお参りを済ませての戻り道、ふと御廟の方をふり向き、暗がりに浮かぶ何千もの灯籠《とうろう》の耀《かがや》きを見た瞬間、「闇中《あんちゅう》に光明《ひかり》がある。今はどん底でも、生きていればきっといいことがある」と、味わったことのない心境になったと言います。救われた気持ちで駐車場まで戻りますと、片付けをしていた写真店の方に声を掛けられ、ご紹介いただいた宿坊で一夜を過ごされた、とのことでした。「温かいふとんで休ませていただき、改めて二人で生きていくことを決心しました。もう二度とこのようなことはいたしません」と、深々と頭を下げられたのです。去って行く二人の後姿に、暗い影は消えていました。

高野山大学の学生時代に「除暗遍明《じょあんへんみょう》」（『大日経疏《だいにちきょうしょ》』）というお言葉を教えていただいたことを思い出します。大日如来の功徳は私たちの心の闇《やみ》を除き、遍《あまね》く智恵の光明をお与えくださるという意味です。

若いお二人の行く末に大切なものは、「いのち」そのものです。「いのち」あってこその人生です。それに気づかせてくださった奥之院の灯籠の耀きは、お大師さまの救いの光明そのものでしょう。

学び多き出会いをいただきました。それ以来、「どこにお参りをすれば」とのお尋ねには、かならず「お大師さまの御廟に」とお答えしています。

コロナ禍によせて

人生の苦難は、いつどのようなかたちで私たちに襲《おそ》いかかってくるかわかりません。新型コロナウイルスが猛威をふるい、感染の恐怖におびえながら生活することは、誰もが予想できなかったことです。

仏教の開祖である釈尊は「四苦《しく》」をお説きになっています。四苦とは「生苦《しょうく》・老苦・病苦・死苦」の四つです。漢字で「苦」と書くと一般的に苦しいこと、つらいことをイメージしますが、本来、釈尊が説かれた苦は、サンスクリット語の「ドゥッカ」で、「自分の思い通りにならない」ということです。

生まれることも思い通りにはなりません。老いることも、病気になることも、そして死ぬことも自分の思い通りにはならないものです。しかし、私たちはその思い通りにならないさまざまな苦難を乗り越えてゆかねばなりません。仏教とは、「自分に与えられたいのちを精一杯生きる」教えです。

仏教では苦行を認めないという説もありますが、少なくとも弘法大師は若き頃より晩年における高野山の生活においても、当然のように行《ぎょう》をなさる様子を詩文に残されています。

寸陰《すんいん》是れ競《きそ》いて、心仏を摂観《しょうかん》す、夢中《むちゅう》の俗事《ぞくじ》、坐忘《ざぼう》するを貴《とうと》しとす。

（『高野雑筆集』）

寸時を惜しんで、ただひたすらに、心を仏におさめ修禅観法《しゅぜんかんぽう》にいそしんでいます。夢に見るような世間の俗事は、すべて忘れることを善しとしています。他にもいくつか紹介します。

澗水一坏《かんすいいっぱい》、朝《あした》に命《めい》を支え、山霞一咽《さんかいちいん》、夕《ゆうべ》に神《しん》を谷《やしな》う。(『性霊集』)

(朝には谷川の水を一杯飲みて命をつなぎ、夕には山の霞《かすみ》を一呑《いと》みしてたましいを養う)

空海弱冠より知命《ちめい》に及《およ》ぶまで、山藪《さんそう》を宅《いえ》とし禅黙《ぜんもく》を心とす。(『性霊集』)

(私は、二十歳の時から五十歳まで、山林を自分の家とし、坐して仏と向き合うを心としてきた)

厳冬《げんとう》の深雪には藤衣《とうえ》を被《き》て精進の道を顕《あら》わし、炎夏の極熱には穀漿《こくしょう》を断絶して朝暮《ちょうぼ》に懺悔《さんげ》すること二十年に及べり。(『御遺告《ごゆいごう》二十五箇条』)

(厳しい冬の深い雪の中でも、粗末な葛《くず》で作った衣を着て精進を重ね、炎暑には

穀類や飲み物を断って朝夕自己を見つめることを二十歳の時まで続けた）

弘法大師が全国各地を巡って悩める人に法を説き、伝説に語り継がれるほど多くの井戸を掘り、また薬草の効果を伝えられた超人的な行動と精神力は、それを裏付ける行（祈り）によって培われた身心の備えがあったからに違いありません。人生の苦難を乗り越えるためには、日々行じなければならないことを、当たり前に弛《たゆ》まず行じることが大切です。それを弘法大師のお姿より知ることができます。

以前、布教研究所の所員として天理教本部と西本願寺で研修を行なった際、「布教の第一歩は、お祖師さまの伝記を誰にでもわかるように平易に説くことである。そのためには、自らが謙虚な心でお祖師さまのお姿と教えに道を求めなければならない」と教えていただきました。

つまり真言宗徒であれば、「迷った時こそ弘法大師のお姿と教えに道を尋ねよ」

ということです。その観点に立つと、『般若心経秘鍵』には苦難を乗り越える方法が明確に説かれています。

『般若心経秘鍵』は真言密教のエッセンスが充満した書物で、弘法大師が行学《ぎょうがく》共に円熟《えんじゅく》なされた最晩年に、『般若心経』を説き明かされた著作です。その一文をご紹介いたします。

(般若心経を)誦持講供《じゅじこうく》すれば、則《すなわ》ち苦を抜き楽を與《あた》へ修習思惟《しゅじゅうしい》すれば道《どう》を得通《えつう》を起す。甚深《じんじん》の称《しょう》誠に宜《よろ》しく然《しか》る可《べ》し。

(般若心経には、仏教のあらゆる教えが詰まっていて、この経を大切にし心をこめて唱え、さらにその功徳を説き、供養に勤めれば、世間のさまざまな苦しみをのがれ、安らぎを得ることができる。さらに、この経の教えを深く身心で習い修めるならば、さとりを得て神通力を起こす。この真実の智慧の深さが称賛されるのはまことにもっともなことである)

弘法大師が前述のごとく、「苦を抜き楽を与える」と讃嘆《さんたん》なされた教えにのっとり、『般若心経』の読誦《どくじゅ》と、その功徳の深さを実践的に伝える布教教化、即ち般若心経写経の推進に努めることが、コロナ禍を生きる真言宗徒の智慧《ちえ》と考えます。

その弛まぬ祈りの積み重ねが、いつしか量り知れない大きな生命力となって、苦難を乗り越える行動と精神力が自ずと養われることになるでしょう。

「毎日新聞」の「余録」(二〇二〇年七月一七日付)に、「コロナ禍で対局のない五十日間、巣ごもりで自らの将棋を振り返ったという。授かった時間を自分の充実に注ぎ……」と、いま話題の藤井聡太棋聖《きせい》について記されていました。

菩薩十善戒の一つに「不邪見《ふじゃけん》」(間違ったものの見方をしない)がありますが、コロナ禍というマイナスの環境にあっても、その人の生き方に応じた行の積み重ね次第で、プラスに転じる正しい判断力が養われるのでしょう。

コロナ禍という未曽有の苦難の中で、日本仏教各宗を開いたお祖師さまのお姿と教えに立ち返る。ご自身の信仰する宗旨にのっとってお祖師さまの伝えた行を実践することが、自らの心と生活を律することになり、結果として感染拡大を防ぐことになるのではないでしょうか。

仏門に入る頃

高校二年生、十六歳の時ご縁を得て、仏門に入る「得度《とくど》」が許されました。当時、高野山高等学校の山階清弘《やましなせいこう》校長先生（高野山不動院御住職）が、私の師僧（師と仰《あお》ぐ僧侶）をお引き受けくださいました。

僧侶の世界は師弟《してい》制度で成り立っています。つまり師僧がいなければ仏門に入ること（僧侶になること）は許可されません。いま考えれば、師僧が在家《ざいけ》（一般家庭）出身の私をお引き受けくださったことが、全ての原点です。

高野山金剛峯寺で高峰秀海管長猊下《たかみねしゅうかいかんちょうげいか》を戒師に仰いで得度を終え、ご報告のため師僧のお寺におうかがいした時のことです。

得度を終えたばかりの私に、「今日は一度死んで来たなあ」と真顔で言うのです。私がぽかんとしていると、「得度で髪の毛を剃髪《ていはつ》（剃る）する時に白衣《はくい》（白い着物）を着ていたな、白衣は亡くなった時、身に着ける死装束《しにしょうぞく》や」。

師僧は続けて、「剃髪のあと黒衣《こくえ》（墨染《すみぞ》めの衣《ころも》）を着せていただいたのは、お大師さまの弟子として生まれ変わった証《あかし》だ、その時授かった僧名《そうめい》（僧侶としての名）は君の戒名《かいみょう》や、今日から生まれ変わった気持ちで物事をなすように」と、お諭しくださいました。

一般の方は亡くなった時に、菩提寺の住職が個人の人間性をふまえて戒名を授けることになっています。しかし、僧侶は仏門に入った時に、戒名（僧名）を授かることになっているのです。

戒師が得度を受ける受者《じゅしゃ》に対し、「出家《しゅっけ》の功徳《くどく》は須弥《しゅみ》よりも高く巨海《こかい》よりも深く虚空《こくう》よりも廣《ひろ》し」と、また「願わくは出家の功徳をもって、普《あまね》く衆生と共に菩提心を発《おこ》し、菩薩の行《ぎょう》を修《しゅ》すべし」と、得度の意義の深さと心得を諄々《じゅんじゅん》と説く場面があります。難解な言葉ながら、読み返すたびに、出家得度の有り難さがひしひしと伝わってきます。

私は師僧から、親が命名した俗名《ぞくみょう》「真人《まさと》」を「真人《しんにん》」と読み替えて僧名とするように告げられました。お大師さまの幼名「真魚《まお》」の一字が僧名の機縁となったようです。

その後、真言僧としての第一歩の修行を経て、潅頂《かんじょう》という儀式を成満した際、袈裟《けさ》に「信」と揮毫《きごう》くださいました。師僧が私に手渡してくださる時、「僧侶の原点はこの一文字に尽きる」とお諭しくださいました。

仏子真人
灌頂記念
信
昭和六十乙丑年七夕
清弘

二十歳の事故

私は中学生時代、地元の公立一番手校に成績が届かず、躾《しつけ》の厳しかった父から高野山高等学校への進学を薦《すす》められました。「地震・雷・火事・親父」とはよく言ったもので父には到底逆らえず、高野山高等学校を受験し入学を許されました。

高校卒業後、高野山大学に進学。僧侶になるという明確な目標も薄らいでいた二十歳の時、バイクによる交通事故に遭い生死の境《さかい》を体験しました。

頭と顔面を強打し意識は失っているのですが、その時観た霊夢は鮮明《せんめい》に覚えています。

黒い洋服姿の恐ろしい男が、私の左腕をわしづかみにして暗いところに連れて行こうとする。しばらくして、白い着物姿の美しいお坊さんが現われ、右肩を抱きかかえて光のある場所へと導いてくださいました。

その瞬間、ハッと我れに返ると、病院のベッドの上に寝かされていたのです。真夜中のことでした。私が「事故を起こして命は助かったんだな……」と思いを巡らしていると、ベッドの横で手を合わせてくださっている方がいます。同じ下宿の先輩でした。

私はその時、「自分は死んでしまったのでは」と、勘違いしました。というのも、幼い頃から「亡くなったら、お坊さんが枕経をお唱えくださる」と、祖父母から教えてもらっていたからです。

明朝、母が大阪から駆けつけてくれました。それまでの間、夜を徹して先輩が氷を買ってきて患部を冷やしてくださったり、一輪挿しに花を入れて病室に飾っていただいたことを忘れることはできません。

しかしその後、事故の大怪我は快方に向かわず、大阪の大学病院に転院することになりました。

大学病院で、初めて回診を受けた時、担当教授がじっと私の顔を見ながら、「あなたは高野山大学の学生さんか、仏教の勉強をしているのか」と話しかけられました。

「そうです」と答えると、「江戸時代の禅僧《ぜんそう》で白隠禅師《はくいんぜんじ》というお坊さんを知っているか、当時、死に至る難病と恐れられた結核を患ったが、信仰の力で克服した尊い禅師さまや」と言われ、さらに「あなたはお坊さんを志しているのなら長期入院してはいけない、私が最新の治療を施すから早く高野山に帰って修行しなさい」と諭されたのです。

私は病院の先生から説教され、びっくりしましたが、一つひとつの言葉が心に深くつきささりました。教授の手厚い治療を受け、最短で退院を許され、両親から新たな気持ちで人生をスタートするように言われ、高野山に帰山しました。

早速、懸命に看護してくださった先輩にお礼を申し上げ、「あの時ベットの横で手を合わせて拝んでおられましたが、先輩はお坊さんですか」と尋ねました。するとニコッと微笑まれ、「ああ、いま髪の毛は長いが、私は四国の真言宗のお寺に生まれて、幼い頃から厳しく育てられた」と話され、高野山大学入学時にご尊父から、「悲しい思いや痛ましい思いの方に出会った時は、自分のことを後回しにして、その方のために尽くせ」と、諭されたことを教えてくださいました。

そして先輩の部屋を出る時に、「私こそ忘れかけていた父の言葉を思い出した、ありがとう。勉強も大事だけど、早く元気な身体をつくるんだね！」と言って、肩をポンと叩いてくださったのです。私は涙を抑えることができませんでした。

この一連の出来事が私の僧侶としての原点です。今ふり返ると、中学時代に成績が公立一番手校に届いていれば、高野山高等学校への進学はあり得ませんでした。また、先輩との出会いがなければ、在家出身の私がまっとうに仏道を歩むこともなかったでしょう。

　高野山に導かれて、お大師さまのみ教えに出合い、マイナスをプラスに転じる智恵に生かされている自身に、感謝の日々を過ごさなければ、と思う昨今です。

恩師の面影

大学で教員免許を取得するために、夏期集中講義で「教育原理」を受講しました。講師は、京都府立大学名誉教授の西元宗助《にしもとそうすけ》先生でした。

講義は、百人余り入れる大教室で行なわれましたが、受講者が多くやむなく隣の教室から机を運んだ思い出があります。

先生は初回の講義の冒頭で、「仏教それ自身が教育の体系である」と話され、「ぞうきんの詩」を板書されました。

ぞうきんは他のよごれを
いっしょうけんめい拭いて
自分はよごれにまみれている

（榎本栄一《えのもとえいいち》作）

この時、先生は「ぞうきんは、世の中のありとあらゆるよごれを拭き清めて自分はよごれにまみれていく。そのぞうきんのいのちをわが身にいただくことが信心。そして、ぞうきんになれない自分を知ることが大切」と話されました。

この講義が機縁となり、大学卒業後、母校の教壇に立った私は、何か苦しい壁にぶつかると、京都下鴨にある先生のご自宅におうかがいして教えをたまわりました。先生は、親鸞聖人の教えを仰ぐ他力本願の念仏者です。

ある時「橋本さん、あなたはひょっとすると他力というのは、他人さまの力というように誤解しておられたのではありませんか。真宗でいう他力とは、み仏の衆生を救わずにはおかんという本願力のこと。その本願力に乗托《じょうたく》する（すべて任せる）ことを、他力廻向《えこう》の信とうけたまわっています。そして、その世界は、み仏の大いなるいのちを、願いを、我が身にたまわる、という実に重大な意味を持っていることを痛感しています」と話されました。

大きな感動をいただいた時は、高野山への帰途、どこにも立ち寄る気にはなりませんでした。その思いをあたためながら帰山したことが、幾度あったことか。

先生のご教授は、いつも物事の本質に立っていました。私自身の結婚の報告にうかがうと、「結婚はうれしいが、すぐに高野山に戻って、お大師さまにおはずかしゅうございます、結婚させていただくことになりました、とお許しを請《こ》いなさい。真宗は半僧半俗《はんそうはんぞく》ですが、真言宗の僧は本来結婚は許されていないはず。時代の流れはあっても、懺悔《さんげ》の気持ちを忘れてはなりません」と、戒めてくださいました。忘れられないお言葉です。

今、私の自室には揮毫《きごう》いただいた左記の色紙額を掛け、時折、仰いでは先生の慈顔を思い出しています。

小さきは
小さきままに
花咲きぬ
野辺の小草の
安けきを見よ
高田保馬作

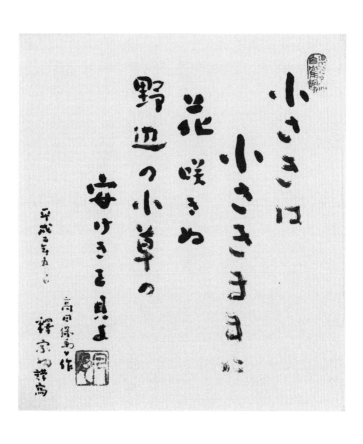

小さきは小さきままに花咲きぬ
野辺の小草の安けきを見よ
（高田保馬《たかだやすま》作）

先生は、「小さきは小さきままに」を「天上天下唯我独尊《てんじょうてんげゆいがどくそん》」と達意訳され、この詩を「天にも地にも我れ一人、自分という存在はこの宇宙が誕生してからはじめて出てきたんだ、自分に代われる者は誰一人いない、自分が本当の自分になってゆく」と解釈されました。

ムギワラギク

アマチャ

白い芥子の実を

仏教説話の中にこのような話が出てまいります。

お釈迦さまが祇園精舎《ぎおんしょうじゃ》に滞在しておられる時のことです。ある昼下がり、町の通りを一人の女性が子どもを抱いて、「どなたかこの子を生き返らせてください」と大声で叫びながら通りを歩き回っていました。

彼女は死んだわが子を生き返らせようと、狂ったように歩き続けます。通りでは、何が起こったのかと、その女性を知る人たちが彼女を遠巻きにしながらひそひそと話し合っていました。

「彼女はこの町の長者の嫁の、キサー・ゴータミー、という者でね。昨日二歳になったばかりの男の子が風邪をこじらせて死んでしまったのだが、死んだことを認めようとしないで元通りにしようと、先ほどからああして歩き回っているのですよ」

「子どもが死んだショックで、狂ってしまったのでしょうね」

その時、一人の婦人がゴータミーのそばによって、彼女に声をかけました。

「奥さん、私もあなたと全く同じでした。心の支えとしていた父親が死の病に罹《かか》ったと知った時、頭の片隅ではもう見込みがないと知りながら、病を治すための薬や手立てを求めて必死に走り回りました。その時、本当に私たちの病を治してくれた方がいました。奥さん、あなたの場合もその方をおいて他にその病を治す方法を知っておられる方はいないと思います」

「それはどなたですか、どうかお願いです。教えてください」

「祇園精舎に滞在しておられるお釈迦さまです。すぐに訪ねてごらんなさい」

ゴータミーはお釈迦さまのもとに駆《か》けつけ、合掌して尋ねました。

「お釈迦さま、あなたはどんな病気の者でも元通りに治す不思議な薬をご存知だそうですが、私の子どもも治していただけるのでしょうか」

「そう、私はそなたの子どもを元通りにする薬を知っている」

「教えてください。どうしたらよろしいでしょうか」

「一人も死人が出たことがない家から、白い芥子《けし》の実をもらうのだ」

「わかりました、きっと探して、もらってまいります」

こうしてゴータミーは、再び死んだわが子を抱えて、一軒一軒、死人が出たことのない家を探し求めました。ところがどうでしょう。くまなく戸を叩《たた》いてみても、どの家でも、必ず誰かが死んでいたのです。ゴータミーは、暗い夜道をとぼとぼと歩きながら考えました。

「一日、死者のいない家を探して歩いたけど、そのような家は一軒たりともなかった。長く生きた人もいれば、短い生涯の人もいる。子どもであっても死ぬ。人が必ず死ぬということは当たり前のことなのに、これまで私はどうして知らなかったのだろう」。

こう考えるうちに、彼女はハッと気づかされました。

「私の子どもは死んでしまったのだ。今まで私は、自分の子どもだけは絶対に死なないと思い込んできた。頭の中では、人は誰でも必ず死を迎えるとわかっていながら、自分の子だけは生き続けると思い込んできた。この死の現実から逃げてはいけない」

こうして、彼女は自分の子どもの死をはっきりと受け止めることができました。子どもが亡くなったという事実から決して逃げることができない、と覚ったのです。

ゴータミーは再び祇園精舎のお釈迦さまのもとを訪ね、合掌して立ちますと、お釈迦さまが声をかけられました。

「芥子の実を手に入れたか」

「いいえ、得られませんでした。お釈迦さま、町中を歩いてみて、死者の出ない家などありませんでした。人は必ず死ぬことを覚りました」

「ゴータミー、その通りだよ。そなたは、自分の子どもは絶対に死なないと思い込んでいた。死ぬことは生きる者の逃げられない定《さだ》めなのだ」

お釈迦さまは、諸行無常の理《ことわり》を諄々《じゅんじゅん》と諭されました。この言葉を聞くうちに、ゴータミーは心の内に突き刺さって激痛のもとになったあの大きな深い悲しみの矢が抜き去られていくように感じました。

私たちの生命は自分の自由にはならないものです。それはいわば、生きている生命ではなく、大いなる大宇宙の仏さま、大日如来の恵みに包まれて生かされている生命であります。

父母の恩

先日、あるテレビ番組で「源義経の物語」が放映されていました。

義経が牛若丸と呼ばれていた幼少の頃、京都の鞍馬寺《くらまでら》の山門で母親の常盤御前《ときわごぜん》と別れるシーンを見て、心が熱くなりました。

その時、暁烏敏《あけがらすはや》先生の「十億の人に十億の母あらむも、わが母にまさる母ありなむや」という歌を思い出しました。

世の中には、たくさんの美しい賢い立派なお母さんがいらっしゃいます。しかし、この「私」を思い、「私」のしあわせを願うことにおいては、どんな立派なお母さんも及ぶものではありません。「私」にとっては、世界でただ一人の、世界一のお母さんです。

仏さまの慈悲の深さは、母親の子どもへの愛情にたとえられます。お釈迦さまのお言葉に最も近いとされる最古の経典『スッタニパータ（経集《きょうじゅう》）』には、「あたかも母が子どもを命をかけて護るように、一切の生きとし生けるものに対しても、無量の慈しみのこころを起こすべし」と説かれています。皆さま方が子どもの頃、泣いて家に帰った時にお母さんが黙って抱きしめてくれたという思い出があると思います。このお母さんのお姿が、そのまま慈悲のこころです。

「慈悲」と一口に言いますが、慈は人びとに楽を与えること、悲は人びとの苦を抜くことです。人さまの喜びをこころから喜び、苦しみ・悲しみにこころを同じくして痛みを分かち合うことができれば、相手はどれほど救われることでしょう。

二十代の頃、真の教育者として生涯を貫かれた、今は亡き東井義雄《とういよしお》先生から、少年院で更生中の少年たちの歌を教えていただきました。

その中に、「ふるさとの夢みんとして枕べに　母よりの文《ふみ》　積み上げて寝る」とあります。

世の中の多くの方々から困られ、社会に迷惑をかけて遂に少年院のお世話になったのでしょう。そのわが子のために、お母さんは「積み上げる」ほどたくさん、わが息子への思いを手紙に託して、この少年に注いでいらっしゃるのです。

そのやるせない母心に出会うと、この少年も、手紙を粗末にすることはできません。何よりも大切な宝にしているのです。そして、それを枕元に積み上げて、お母さんの心を憶念《おくねん》しながら眠るのです。

子どもにとって、なくてはならないお母さんというのは、ひたすら子どもを思う、仏さまのような母心をもったお母さんということになります。

お大師さまの母君、玉依御前《たまよりごぜん》さまは、夫亡き後、年齢を重ねるにつれて、ますますお大師さまを慕い、八十歳の時に故郷の讃岐国から高野山にお大師さまを訪ねられたのです。

当時、高野山は女人禁制のため、山麓に母君のお住居を定められました。お大師さまは高野山より月に九度は、必ず母君のもとに立ち寄られて孝養の誠を尽くされたといいます。現在の山麓の「九度山《くどやま》」という町の地名は、そのことに由来すると言い伝えられているところです。

母君も秋の末に近所の農家より籾《もみ》を求め、それを自らの手の爪でむいて麹《こうじ》となし、お酒を造って、寒い高野山の山上にあって、弟子たちと共に修行に専念されるお大師さまに贈って温まるように心を遣われました。

まことに心温まる母子の情愛が偲ばれます。このお酒は今日でもなお、「母君爪《つま》むぎの酒」と称して高野山に伝えられています。

お大師さまは、『性霊集《しょうりょうしゅう》』の中で、「われを生じわれを育するは父母の恩、天よりも高く地よりも厚し。身を粉《こ》にし、命を損《そん》しても、いずれの劫《こう》にか報ずることを得ん」と。

自分を生み育てた父母の恩は、いかなる方法をもってしても報い得るものではないと、お説きになられています。

人のこころの貧しさが叫ばれている現代社会にこそ、慈悲の源である父母への恩を、いつまでも忘れてはならないということを、弘法大師は戒めていらっしゃるのです。

祈り、海を越えて

米国ロサンゼルスの日本人街に高野山米国別院があります。

遥か海を越え、弘法大師のみ教えを米国の地に伝えられた先駆者、青山秀泰《あおやましゅうたい》師の実話をお話します。

明治の末、多くの日本人が新天地を求めて、アメリカの西海岸に移住したことはよく知られていることですが、当時、高野山でもこれらの地の開教に強い関心をいだいていました。開教とは、海外に教えを弘めることを意味します。

明治四十二年（一九〇九）、時の高野山の管長密門宥範猊下《みつもんゆうはんげいか》は、頭脳明晰《めいせき》にして忍耐強く、しかも新時代に生きる僧侶の理想を追求する青山師の人格を見込んで、米国宗教事情の視察と開教を命じたのでした。

かの地で、多くの日本人移民が排斥と迫害を受けながら、痛ましい生活を送っているという実情を聞けば、誰かが弘法大師のみ教えを伝え、救いの手をさしのべる浄行をしなければならないということでした。ついに青山師は三十四歳の時、不退転の決意をもって、米国への開教を決意しました。

同年十月、青山師は日本郵船の春洋丸で太平洋を渡って、サンフランシスコに上陸し、すでに明治三十一年（一八九八）より開教を始めていた浄土真宗西本願寺の会堂に寄宿されました。異国の風土に親しみ、開教の実際を見聞して、開教の方法を探し求められたのでありましょう。

およそ一ヶ月、このような生活を送り、いよいよ開教の地を求めて旅立とうとした矢先、背中にできた腫れものが急に悪化して、高熱と激痛のためまったく身動きができなくなったのです。病院で診察を受けると、それは癰《よう》という悪性の腫《は》れもので、当時、死に至る難病と恐れられ、完全な治療法も確立されていませんでした。

青山師は、渡米して間もないというのに、このような難病にかかってしまって、これで虚しく異国の地において、誰に看取られることもなく朽ち果ててしまうのかと思うと、絶望感が全身をかけめぐるのを覚えました。

しかし「南無大師遍照金剛、もし開教すべき法器であるならば、生かしたまえ」と、すべてをお大師さまにおまかせして、医師の勧《すす》められるままに手術を受けられました。背中一面、右の乳の後ろあたりから腰に達するほどの大手術でしたが、奇跡的に成功し、経過も順調に推移しました。

ただ、お大師さまのご加護を受けて奇跡的に生命はとりとめたものの、病院での入院生活は深刻な経済的打撃を与え、文字通り無一文の境涯におちいってしまったのです。

当時を物語る青山師の日誌には、「艱難《かんなん》汝ヲ玉《ぎょく》ニス、天ハ将《まさ》ニ大任ヲ下サントノ試ミナルベシ」という、不退転の決意が述べられています。そして病身をひきずりながら、敢然と、多くの日本人渡航者が必ず辿るといわれる激しい労働生活の中に身を投じたのです。

明治四十三年（一九一〇）青山師は、生まれてはじめて農業労働に従事され、日給一ドル五〇セントをもらった時には、いかなる苦しみも忘れて感謝されたといいます。こうして、一般労働者とともに辛酸をなめながら、同年八月、ロサンゼルス日本人街の都ホテルに身を寄せられました。

都ホテルの主人、中野喜代太郎氏は、当時、同胞随一の成功者で、しかも草創期の日本人社会の役員を務めて、同胞の発展に貢献をなした人物でした。青山師は中野氏夫妻と懇意になり、休日を利用しては中野氏宅を訪問し、氏の成功談に耳を傾けることを楽しみにしていました。

一方、中野氏は青山師が自室にお大師さまの掛軸を掛け、朝に夕に勤念《ごんねん》をささげていることを知り、さらには折目正しい生活ぶりをひそかに観察して、「この人は何か大志を抱いている人に違いない、よれよれの服を着て顔は労働で真っ黒に日焼けしていても、その顔には優しく澄んだ眸《ひとみ》が輝いている」という思いを強くしていました。

中野氏は青山師に接するたびにこの印象を深め、しきりに渡米の目的や将来の方針を尋ねてやまなかったのです。氏から懇切に問われ、胸中には複雑なものが走りました。この二年半、帰るに帰れぬ思いで、病身を顧みずつらい労働に耐えてきたのは、すべて「開教」のためであったとはいえ、ここで身分を明かしたところで、直ちにどうなるものとも思えなかったのです。

返答につまった青山師でしたが、中野氏から「もし志を抱いておられるなら、多少の智恵をおかししましょう」とまで言われ、ついに決心してすべてを話しました。自分は高野山の僧侶で、開教のために派遣されたこと、また渡米早々大病におそわれ生死の境をさまよい、しかも所持金すべてを使ってしまったこと、などなど。そして中野氏に開教師の辞令を示しました。

氏はたいへん驚き、「カカル身分ノ御方ガ一介ノ労働者トシテ今日ノ労苦ヲ辞セザルハ奇特ナリ」と言って大いに感動し、さらに「在留邦人ハ教会ニ出入リスルモノ殆ドナシ、是レ白人カラ排斥セラルル原因ナリ。茲《ここ》ニ仏教教会ヲ組織シテ邦人ヲ善導セラレテハ如何《いかが》」と謹言しました。

青山師は百年の知己を得た思いがして、「御懇切《ごこんせつ》ハ誠ニ有難シ、然《しか》シ小生ハ開教ノ素養モナク異境ノ国土民情モ知ラズ、仍《よっ》テ一旦《いったん》帰国ノ上本山ニ報告シ、適当ノ人物ヲ選ビ派遣セシメントス、願クハ足下《そっか》ノ御努力を請《こ》ハン」と答えました。

これに対して中野氏は失望の色をかくさず、「否、今後如何ナル高僧知識ガ開教セントスルモ米土ノ布教ハ無理デアル、道理ヤ教理ニテハ到底デキヌ、君ノ如キ実践躬行《じっせんきゅうこう》、実際ニ労働者ト共ニ辛酸《しんさん》ヲ経タル者ニアラザレバ教化スルコト能《あた》ハズ、君止マラバ、僕ハ真宗本願寺ノ門徒ナレドモ、海外ニテ宗派ノ異同アランヤ、僕ハ唯、君ノ人格ニ敬服シ、及ブカギリノ援助ヲセン」と言って、開教の樹立を強くすすめたのです（『青山師開教日誌』）。

青山師は、これこそお大師さまのご加護によるものと大いに力を得て、大正元年（一九一二）十一月、ロサンゼルスの地で、米国開教の第一歩を印されました。

以上の逸話《いつわ》を、『高野山米国別院五十年史』で拝読させていただいたのは、私が開教研修生として別院でお世話になった昭和五十八年（一九八三）のことです。

また当時、折に触れて青山師の生きざまを通して私を戒めてくださった高橋成《たかはしせい》通《つう》総監のご愛情も忘れることができません。

Ⅲ

真言は不可思議なり

三人の若い僧侶による「お話喫茶」のご縁で神戸を訪れ、阪神淡路大震災の大惨事より見事に復興された街を眺めながら、私の脳裏に素晴らしい出会いの一コマがよみがえってきました。

震災のおこった平成七年（一九九五）十二月、年の瀬も迫ったある日、震災でお父さんを亡くされた小学六年生の子どもと、その子の母親が遺骨を胸に抱かれ高野山に登られました。

高野山のお寺で一夜の宿を取られ、母親は子どもを起こさないよう、午前三時に床を離れ、お大師さまの御廟《ごびょう》前を流れる、奥之院の玉川の水を小さな容器に汲み、そっとお寺に戻りました。

早朝六時より、お寺の本堂でお父さんの納骨供養が行なわれ、その後、念願であった般若心経の写経をしました。

私はその前後、お寺のご住職より、写経の意味を分かりやすく話してあげてほしいとの依頼を受け、同席するご縁に恵まれたのです。

写経を始める前に、母親は玉川で汲んだ清らかな水をすずりに入れ、子どもの手の上に自分の手を添えて墨をすり始めました。

私はその時、ハッとしました。その子どもは目が不自由であることに気づかされたのです。

母親は筆を握った子どもの手を優しく包むかのように、自分の手を添えてゆっくりと写経を進めます。

普通であれば一時間ほどで終わる般若心経の写経が、三時間近くかかりました。字がにじんだり、大小の不揃いの字が私には何よりも尊く感じられました。こんなに素晴らしい心のこもった写経に出会えたのは初めてです。

お寺のご住職が感動され、その写経を弘法大師の御廟前に奉納することになりました。

ご住職の先導で奥之院の入り口である一ノ橋より小雪の舞う石畳の参道をゆっくりと進みます。

やがて弘法大師の御廟前に至りますと、おそらくお母さんが神戸から持って来られたのでしょう、袋からお菓子や果物を出してお供えされておられました。

その時、母親の声なき声が私の心に伝わってまいりました。

「お大師さま、どうか亡き主人のことを宜しくお願いします。そして目の不自由な息子のことを末永くお護りください」

皆で般若心経と弘法大師さまの御宝号「南無大師遍照金剛《なむだいしへんじょうこんごう》」をお唱えしていますと、ここにお大師さまがいらっしゃるような気がいたしました。

御廟を後にしようとした時、今まで口を開かなかった子どもが、はじめて私たちに話をしてくれました。

「和尚さん、一度でも目が見えたら、いっぺんお母ちゃんの顔が見たいわ。でも、見えたらあれも見たい、これも見たいということになって、気が散ってあかんようになるかもわからん。見えんかて、大丈夫や。和尚さん、不自由と不幸は違うんやね」と言ったのです。

この時、私は思わず目頭が熱くなりました。弘法大師は『般若心経秘鍵《ひけん》』という書物の中で「真言は不思議なり、観誦すれば無明を除く」と仰《おお》せです。真言というものは不思議なものです。仏さまのお言葉である真言を深く心の中に念ずれば、心の闇が取り除かれます、と明言されています。

この子は肉眼を失った光のない闇の世界を生きているはずです。しかし、母親のお大師さまを念ずる真言の功徳によって、心眼という心の目が開いたのです。

私は「目が見えないことは、不自由だけれど不幸ではない」という子どもの言葉に、弘法大師がお説きになられた「真言は不思議なり」の真意を教えていただきました。

布施——彼岸への道

般若波羅蜜多心経。これが『般若心経』の経題（お経の題名）です。

般若は「仏さまの智慧《ちえ》」、波羅蜜多は「到彼岸《とうひがん》」、心経は「要《かなめ》の経典」を意味します。

つまり、「仏さまの智慧によって彼岸（仏さまの悟りの世界）に渡りましょう」と説いた要のお経が般若心経です。

では、どうすれば彼岸に渡ることができるのでしょうか。その彼岸に渡る具体的な修行として、六波羅蜜《ろくはらみつ》が説かれています。

施《ほどこ》しをすること（布施《ふせ》）・戒《いまし》めを守ること（持戒《じかい》）・苦難を耐え忍ぶこと（忍辱《にんにく》）・真実の道を歩むこと（精進《しょうじん》）・こころを安定させること（禅定《ぜんじょう》）・迷いを離れ真実を悟ること（智慧）の六つです。

とくに最初の布施は、六波羅蜜の基本となるもので、布施には財施《ざいせ》と法施《ほうせ》があります。

一般的にはお金や物を施すのが財施ですが、必ずしも物質的なものだけではなくて、ものがなければ、こころの布施があります。

やさしいまなざし、言葉、しぐさ、それがどれほど周囲の方々を力づけ、心の支えになることでしょうか。

東日本大震災で、外国の方々が日本人の、他を思いやる行動、すなわちやさしい心配りをご覧になって感動された話は、皆さんも記憶に新しいかと思います。

法施とは、仏さまの教えを施すことで、おもに出家者の行《ぎょう》とされています。しかし、私たちが日々、般若心経の読誦《どくじゅ》と御宝号（南無大師遍照金剛）の念誦《ねんじゅ》をしっかりと身につけ、仏さまの教えがその人から香り立って、周りの人が薫陶《くんとう》を受けるならば、それも尊い法施になるでしょう。

お大師さまは、師の恵果和尚《けいかかしょう》の入寂《にゅうじゃく》を「筏《いかだ》（恵果和尚）は彼岸に帰る」（『性霊集』）という名句をもって記されています。

お大師さまが、師の入寂を「彼岸」の二文字をもってお示しなされたことを、こころして布施の実践に努めさせていただきましょう。

無財の七施とは

仏教とは、どのような教えですか？　お寺で生活していますと、よくこのような質問を受けます。

お釈迦さまによって説かれた仏教は、「仏の教え」であると共に、「仏であることに気づく教え」です。つまり私たちには仏性《ぶっしょう》がある、すなわち私たちは皆、仏になる可能性を有しているということです。

仏教では、仏であることに気づき、仏さまの世界（彼岸《ひがん》）に到る実践法の第一番目に、自分のものを他者《ひと》に譲る「布施《ふせ》」の精神を教示しています。

具体的には、『雑宝蔵経《ぞうほうぞうきょう》』の中に、「無財《むざい》の七施《しちせ》」が説かれています。他者のために尽くすということは、財産や力のある人だけができるのではなく、誰でも実践を通じ生き甲斐を見出すことができるというのです。

第一には、「眼施《がんせ》」。人を憎むことなく、誰に対しても真心のこもった眼《まなこ》をもって他者を見ることです。

第二には、「和顔悦色施《わがんえつじきせ》」。他者に対して嫌な顔つきをしないで、にこやかな顔を見せることです。

第三には、「言辞施《ごんじせ》」。荒々しい言葉を出さず、他者に対して優しい言葉をかけることで、「愛語《あいご》」ともいいます。

第四には、「身施《しんせ》」。身体による施しで、他者に対して敬いの態度を示すことです。見返りを求めない奉仕も、最善の身施に当ります。

第五には、「心施《しんせ》」。相手と喜び悲しみを共にする心くばり。その根本は、善い心をもって、善いことをしようと努めることです。

第六には、「床座施《しょうざせ》」。他者のために座席を設けることです。相手に席を譲ることは現実性をもった施しで、清らかな行為だと思います。

第七には、「坊舎施《ぼうしゃせ》」。他者を自分の家に宿泊いただくことです。今日では難しくなりましたが、昔はよく行なわれていました。「客人を敬う」という教えは、古人の言い伝えでもあります。

弘法大師は『秘密三昧耶仏戒儀《ひみつさんまやぶっかいぎ》』の中で、「世の中の人々を幸せに導くには、まず自《みずか》らが率先して布施を行《ぎょう》じることである」と説かれています。

布施の実践によって、豊かで清らかな身心が養われ、自《おの》ずと仏さまの世界（彼岸）が私たちの心中に映しだされるでしょう。

（参考資料『仏教のこころ』中村元）

「運命のかぎり美しい花を咲かす」

今からお話しいたしますのは、かつて関西電力の初代社長を務められました太《おお》田垣士郎《たがきしろう》さんの信仰実話です。

太田垣さんは、兵庫県日本海側の城崎《きのさき》に、医師の長男として明治二十七年（一八九四）に生まれました。

小学校高等科一年（十二歳）の時、登校途中に文房具店へ寄り、ノートを綴《と》じる鋲《びょう》を買いました。この鋲を何気なく口に入れて歩いていたところ、一人の友達が「士郎おはよう」と言って、ポンと肩を叩いた時に飲みこんでしまいました。

医者である父が、あらゆる手を尽くしましたが、取り出すことはできず、すぐに士郎さんを人力車に乗せ京都大学付属病院に行きましたが、当時の医学では切開手術は不可能で、「運を天にまかせるしかありません」という主治医の言葉に、あきらめて城崎に帰ってきました。

士郎さんはたびたび体調を崩し、将来の夢も閉ざされ、家族の誰もがその前途に悲しいあきらめを余儀なくされていた中、一人だけ希望を失わない人がいました。

それは、同居していた母方の祖母、土岐じゅんさんでした。「おばあちゃんは、お大師さまのおかげで、この年まで長生きすることができた。おばあちゃんが士郎ちゃんのために、お大師さまに願をかけて鋲をとっていただくから」と、毎日沈みがちな士郎さんを勇気づけるのでした。

おばあちゃんは、士郎さんに般若心経を教え、御宝号「南無大師遍照金剛」千遍のお唱えを日課とさせたのです。

城崎は歴史の古い温泉街で、高野山真言宗の名刹、温泉寺《おんせんじ》があります。おばあちゃんは、士郎さんを連れて雨の日も風の日も坂道を登って、山の中腹にある温泉寺の本堂に参拝しました。

しかし、おばあちゃんは明治四十三年（一九一〇）十一月二十一日に他界しました。常日頃、「私はお大師さまのご縁日（二十一日）にお迎えがくるんだよ」と口癖のように言っていたことが現実となり、家族の誰もがおどろいたことは言うまでもありません。

心の支えを失った士郎さんの落胆は、日に日に深まりました。しかし、「必ずお大師さまが鎮を取ってくださる」という祖母の姿を思い出して奮起するところがあり、怠ることなく祈りの日々を過ごしました。

そして、翌年十一月二十一日に祖母の一周忌が勤められました。体調のすぐれない士郎さんは、焼香が済むと自室へ帰り、うつらうつら昼寝をしていると、懐かしい祖母が自分を呼んでいる夢を見たのです。

「士郎や、お大師さまをお連れしたよ。早くご挨拶をしなさい」。一年ぶりのやさしい祖母のお顔です。その後ろには、お大師さまが錫杖《しゃくじょう》をもって立っていらっしゃいます。

士郎さんは思わず腹の底から、「ハーイ」と大声で返事をして跳ね起きたのです。その途端、喉の奥から何かが飛び出してきました。

それは何と七年間、体内に止まっていた原型のままの鋲だったのです。手に取ってみると、錆びついてポロリと折れてしまいました。

この体験以来、士郎さんは祖母に救われたというのは、お大師さまに救われたことと受け取り、心の闇が晴れ人生観が変わったことは言うまでもありません。

士郎さんは、その後二十七歳で京都大学を卒業。当時、経営の神様といわれた小林一三《かずみ》氏のもとで経営哲学を学び、やがて京阪神急行電鉄（現・阪急阪神ホールディングス）の社長に、そして後に関西電力の初代社長に就任しました。

そしてその時、高度成長期をむかえようとしている国の電力不足を解消するために、富山県の黒部渓谷に巨大ダム（黒部ダム）の建設を決断したのです。

工事の成否の鍵を握るトンネル工事が難航するも、太田垣さんは断固として継続を命じ、ついに工事を始めて七年後の、昭和三十八年（一九六三）六月五日に竣工。式典には、天皇皇后両陛下行幸《ぎょうこう》の栄に浴されました。

太田垣さんは翌年、七十歳で生涯を閉じました。その難工事を乗り越える信念の基盤となったのは、毎朝出勤する前のひととき、仏壇の前で般若心経と御宝号を唱える感謝の祈りを欠かさなかったことです。

社長室に「運命のかぎり美しい花を咲かせれば満足だ」と、自筆の額を掲げていた太田垣さんの心境は、死を覚悟した経験からにじみ出た真実の言葉であり、大師信仰によって生涯を力強く生きた人の言葉であるといえましょう。

（参考資料『念力は奇蹟を生む』亀山久雄、『生かされている命』桐生公俊）

弘法大師の般若心経秘鍵

『般若心経秘鍵《ひけん》』（以下、略して『秘鍵《ひけん》』）は、弘法大師の高邁《こうまい》な覚りの識見から『般若心経』（以下、『心経』）を説き明かした書物です。

一般的に『心経』は、『大般若経』六百巻のエッセンスを二六二文字にまとめたもので、空《くう》の思想を説くお経であるという理解です。

それに対し、弘法大師は『心経』は、般若菩薩という智慧を掌《つかさど》る仏さまの覚りの境涯を解き明かしたものである、と考えたのです。

この大師独自の考えを、密教的視座から開示した著作が『秘鍵』といえます。

また、『秘鍵』の特色を、真言密教の教えの要《かなめ》としてとらえることもできるでしょう。

「医王の目には途《みち》に触《ふ》れて皆薬《くすり》なり。解宝《げほう》の人は礦石《こうしゃく》を宝《たから》と見る」という『秘鍵』の一文は、その特色を如実に言いあらわしています。

「優れた医師の目には、道ばたの雑草から病に効く薬草を見つけることができる。宝石の見分け方に優れた人は、転がっている石ころの中から価値の高い宝石を発見することができる」というのです。

つまり弘法大師は、表面上にあらわれた経文の言葉よりも、優れた人間性に根ざした物事の本質（真理）を見極める目を大切にされたのです。

混沌とした現代社会の中で、今本当に求められているのは豊かな人間性だと思います。真理は光となってあらわれます。

大師教学（弘法大師の教え）の基本となる『秘鍵』を一歩深く味わうことで、宗教的人格が養われ、光の如くきらりと耀《かがや》く人間性が形成されることでしょう。

『秘鍵』は大師教学の宝箱です。その宝箱には、心に届く弘法大師の聖語が、宝石のごとくちりばめられています。

奇跡の再会——大空襲の母と子の別れ

私が高野山大学の学生時代に体験をしたことです。

その頃、私は高野山の大師教会本部というところで、参拝の方々にお茶をお出しするというご奉仕をさせていただいておりました。

朝の八時から夕方の四時までのご奉仕です。ちょうど夕方の四時になり、「ああ今日のご奉仕も終わらせていただいたなあ」という安堵感に浸っておりました時に、金剛峯寺の職員の方から、「応接室に、三つお茶を出していただけませんか」というお話が舞い込んできました。

「はいわかりました」と、私はお盆に三つお茶を置き、指定された本部長室に向かいました。そこには、七十歳半ばと思われるご婦人と、四十歳くらいの中年の男性、そして当時の教学部長がお座りになっていました。

お茶を出した私に、「よかったらあなたも話を聞かせていただいたらどう？」と言われました。私はその場で、お話を聞かせていただくことになりました。

そのご婦人は、昭和二十年（一九四五）三月十五日の東京の大空襲の時に、当時小学四年生であられた息子さんと、生き別れになりました。突然、空襲警報が鳴り「逃げろー！」という一言でした。慌てて逃げる時に息子さんと生き別れになり、その後あらゆる避難所を尋ねても、息子さんの消息は分かりませんでした。

東京でしばらくいらっしゃいましたが、ご主人の仕事の都合で、九州福岡県の博多に住まいを移されました。福岡県《ふくおかけん》糟屋郡《かすやぐん》篠栗町《ささぐりまち》には篠栗《ささぐり》四国八十八カ所という遍路巡拝の地がございます。

ご婦人は、篠栗八十八カ所の霊場をお参りになっては、「南無大師遍照金剛。

お大師さま、もし許されるのであるなら、私が生きている間に、息子に一目でいいので会わせていただけないでしょうか」と、いつも願いをかけておられました。けれども、その願いもむなしく月日は過ぎ、そのご婦人の思いは胸にとどまったままでした。

七十歳が過ぎまして、菩提寺のお寺のご住職から、「奥さん、来月のお彼岸の終わりに、高野山に参拝に行く計画があるのだけれども、ご一緒にいかがですか」と声をかけられました。

ご婦人は、「息子に会うことができなかったけれども、いままでお大師さまに心の支えになっていただいた。ああ、ありがたかったな。人生を終える前に高野山に上って、お大師さまがいらっしゃる奥之院の御廟にお参りして、お礼を申し上げたい」。

その一念で、高野山の御廟にお参りすることを最大の目的として、その参拝の団体と一緒に、二泊三日の旅に出かけました。一日目の夕方、高野山に到着して、高野山のお寺に一泊。二日目は奥之院のお大師さまの御廟前に立たれ、手を合わせました。

「南無大師遍照金剛。お大師さま、本当に今までありがとうございました。おかげさまで心清々しく人生を送ることができました。これで、お大師さまの前に立ってご挨拶できるのは最後でございます」。

このようにご婦人は申され、翌日の午後、高野山をあとにし、ケーブルカーに皆さんと一緒に乗車しました。高野山のケーブルカーは、二回出発のベルが鳴ります。一回目は出発の一分前、二回目は出発間近に鳴ります。

一回目のベルが鳴り、そして二回目のベルが鳴ろうとした時、そのご婦人は、「私、ちょっとお参りした金堂に忘れ物をしたから、今から取りに帰ってくる」。そう言い残したまま、皆さんが止めるのも聞かず、山上の駅からタクシーに飛び乗り、伽藍にございます高野山一山《いちざん》の本堂、金堂へと戻られました。

金堂にまいりまして、正面の本尊薬師如来さまの前に正座をして、手を合わせました。忘れ物をしたというのに何を忘れたのかということは、実は分かっていなかったのです。ただ忘れ物をしたという気持ちになったのでした。

手を合わせ、正面を見ておりますと、自分の左側のところに、正座をして一生懸命手を合わせて、薬師如来さまに願いを伝えているような、そのようなお姿の中年の男性が目に入りました。

その時、あの大空襲で生き別れになった自分の息子と、姿が重なったのです。たしかに年を取っているけれども、どうも自分の息子の姿と重なる。恐るおそるその方に話しかけますと、すぐにわかりました。母親というのは、自分の息子の姿を忘れることはできないのですね。

互いに、喜んで手を取って抱き合っているところに、金剛峯寺の職員の方が参りました。「よかったら、高野山大師教会本部にご案内をいたしますから、どうぞそちらでゆっくりとお話をなさってください」。このように言葉をかけられ、高野山大師教会の応接に足を運ばれたのでした。仏縁があったというのでしょうか、私もそのお二人にご縁をたまわりました。

当時私は高野山大学の学生で、ちょうど年齢が二十歳でした。もし、この時、お二人との出会いがなかったら、今の自分があるのだろうかと、ときおり考えることがあります。お大師さまのお導きで、私に必要があってそのお二人との縁をたまわったものと、いま感慨を深くしているところです。

お遍路

四国には弘法大師が開創なされた四国八十八カ所霊場があります。今でも多くの方がそれぞれの思いを胸に、「南無大師遍照金剛　同行二人《どうぎょうににん》」と背に書かれた白装束を身にまとって、四国一周・全行程約一四五〇キロメートルを巡礼されています。

　あなうれし
　行くも　帰るも　とどまるも

我れは　大師と二人連れなり

という歌があります。「同行二人」というのは、一人は自身、もう一人は弘法大師のこと。

巡礼する人は、金剛杖《こんごうづえ》という杖をついています。金剛杖はお大師さまの身代わりです。たとえ一人で巡礼しても同行二人、金剛杖をついていれば、お大師さまがいつも共に歩んでくださるのです。

一日の巡礼が終わり、宿に着きますと、まず玄関で「お大師さま、今日一日、巡礼を共にしていただき、ありがとうございました」と申し上げ、「南無大師遍照金剛」とお唱えしながら、杖の先を洗います。金剛杖は生身のお大師さまそのものをあらわしているからです。

伊予国、愛媛県の大洲《おおず》には有名な十夜ヶ橋《とよがばし》の伝説が語り継がれています。

縁起によれば、修行の旅を続けていたお大師さまが大洲の村を巡錫《じゅんしゃく》された時、当時はその日暮らしの未開の地で、村人も少なく、お大師さまに一夜の宿を供養する方が一人もありませんでした。

修行中とはいえ、小さな川にかかった橋の下で、お大師さまは村人の幸せを祈りながら一夜を明かされました。川風が身にしみて一睡もできず、一夜が十夜の長きに思われたそうです。

この時、お大師さまは一首の歌を詠まれました。

行き悩む浮世の人を渡さずば　一夜《いちや》も十夜《とよ》の橋と思ほゆ

今、橋の下にお参りしますと、横臥《おうが》つまり身体《からだ》を横向きにしてお休みになっている、修行姿のお大師さまの石像があり、どなたが供養なされたのか、小さなお布団がかけられていました。

巡礼のお遍路さんは、橋を渡る時には、履物を脱いだり、杖をつかずに渡って

カキ

キキョウ

行かれます。お大師さまをお慕いするお遍路の姿に、浮世を純粋に生きる信心の
ぬくもりを感ぜずにはいられません。

仏名会――懺悔の功徳とは

高野山では、過去・現在・未来の仏さまの御名《みな》を唱え、祈りながら懺悔《さんげ》の礼拝をくり返す「仏名会《ぶつみょうえ》」という儀式があります。

高野山で僧侶の道を志す者は、仏門に入ることが許されると、この儀式に臨むことが義務づけられています。私も十七歳の夏、いつ終わるともわからない懺悔祈りの礼拝を、夢中で行《ぎょう》じたことを思い出します。

その後、ご縁を得て高野山高等学校の生徒といっしょに十九年間、毎年この行を共にさせていただきましたが、いざ行じ終わると、なぜか清々しい気持ちになり、自心を省みることができるのです。

今ふり返ると、仏さまの弟子となり、初めて祈りの醍醐味を味わった瞬間《とき》だったのかもしれません。この仏名会は、古来から今も途切れることなく高野山の修行道場において続けられています。

一般的な意味であれば、生まれてから現在までに犯した自分のあやまちを懺悔します、ということになります。

しかし、「仏名会」はそうではなく、生まれる前の世でつくったあやまちも、その前の世でつくったあやまちも、無限の過去にさかのぼって懺悔することを説いています。

この徹底した懺悔の礼拝によって、過去のあやまちは洗い流され、仏道の門が開かれていくのです。

『大乗本地心地観経《だいじょうほんぢしんぢかんぎょう》』には、

懺悔《さんげ》はよく天路に往生せしむ。懺悔はよく宝摩尼珠《ほうまにしゅ》を雨《ふ》らす。懺悔はよく常楽の宮に入らしむ。懺悔はよく菩提の花を開かしむ。懺悔はよく宝所に至らしむ。

と、功徳の深さを述べています。

「塞翁が馬」と「おかげさま」

ご縁を得て大阪の某大学の卒業式に出席いたしました。式のゲストスピーカーは、平成二十四年（二〇一二）にノーベル生理学・医学賞を受賞された京都大学教授、山中伸弥先生でした。

私が最もお話を拝聴してみたいと思っていた方が山中先生で、ワクワクしながら会場に入りました。周りの座席からは、「ノーベル賞を受賞された先生のお話だから、きっと難しいでしょうね、私たちに理解できるかな」と言う声も聞こえてきました。

卒業式の一連の儀式が終了し、いよいよ山中先生がステージに上がられました。先生はご自身の人生の歩みを語られ、私の座右の銘は「人間万事塞翁が馬《じんかんばんじさいおううま》」で、日常心がけていることは「おかげさま」ですと話されました。

「人間万事塞翁が馬」は、中国の故事に由来し、元の話は『淮南子《えなんじ》』という中国の古書に、人生の幸・不幸は予測できないことの例えとして記されています。

中国北方の国境の村に住んでいた老翁の飼い馬が逃げ出したが、のちに良馬を連れて帰り、不幸は転じて幸福となった。しかし、老翁の息子がその馬に乗って落ち、足を骨折してしまった。幸いは禍いに転じたけれども、そのために兵隊になることをまぬがれ、戦死しないで長生きができた、というのです。

山中先生はこの例えを引かれて、「iPS細胞の開発の過程でも、失敗に思えた実験が逆に役立っていたことが分かり、そのおかげで開発を成功させることができました。想定外も研究開発の要です」。

続けて、「このような経験から、私は物事が順調に進んでいる時は用心し、思うように進まない時や好ましくない出来事が起きた時は、これがどんな良いことに繋がるのだろうと考えるように心がけています」と熱く語られました。

そしてもう一つ心がけていることは、「良いことはおかげさま、悪いことは身から出たさびです。良い成果は、多くの人の協力があって初めて出すことができます。『おかげさま』は、私が大好きな日本語の一つです。片や、悪いことが起きると他の人のせいにしたくなってしまいますが、原因は必ず自分の中にあります」と、話しを締めくくられました。

わかりやすく、飾らない山中先生の人格からにじみ出るお話に、会場から盛大な拍手が送られました。

弘法大師御廟

以前、依頼を受けてフランス観光局の要人を高野山に案内したことがあります。麓《ふもと》の橋本駅から南海電車に乗車して高野山に向かう途中、「このような紀伊山地の人里離れた山奥に電車を通されたのは、どなたですか」と質問を受けました。私は真顔で「南海電鉄という会社です」と答えると、その要人は「弘法大師さんじゃないですか、皆さんがこの電車を利用するのは、高野山の弘法大師さんに会いに行くためでしょう」と言うのです。

つまり、その要人は高野山に弘法大師の御廟《ごびょう》がなかったら、この電車は通らなかっただろうと言うのです。まさに一本取られた思いでした。

よくよく考えれば、私見ではありますが、比叡山に登嶺《とうれい》の方は根本中堂にお参りされますが、伝教大師の御廟（浄土院）に足を運ばれる方はわずかです。また、京都の西・東の本願寺では、御影堂《ごえいどう》の参拝者は日々絶えませんが、親鸞聖人の御廟に向かわれる方は一握りです。

しかし、高野山にお参りの方は、かならず奥之院の弘法大師御廟に足を運ばれます。つまり、「お大師さんにお会いする」ことが高野山参拝の主目的です。

たしかに、「大師はいまだおわしますなる」の生きた大師信仰が、紀伊山地の山奥まで電車を通された最大の理由だと思います。

高野山の入口に大門が立っています。言い換えると、大門が高野山の玄関です。各家の玄関に入ると、その家の全てを見通すことができます。大門には、二つの句が記された格調高い二枚の木板「対聯《ついれん》」が主柱に掛けられています。

「日々《にちにち》の影向《ようごう》を闕《かか》さず」（右）
「処々《しょしょ》の遺跡《ゆいせき》を検知《けんち》す」（左）

弘法大師が毎日、奥之院の御廟から姿を現わし、各地を廻《めぐ》って人びとを救済なさっているという意味です。

高野山は、弘法大師が今も生きて私たちを救済なさっている信仰の山である、ということを忘れてはなりません。

おじいさんと笠地蔵

高野山大師教会本部の大講堂には、「相互供養《そうごくよう》」「相互礼拝《そうごらいはい》」の対聯《ついれん》（左右並べて対《つい》にした掛けもの）が掛けられています。

私たちの日常の心がけとして、「互いに施《ほどこ》しの心をもって拝み合うことで、他《ひ》者《と》に喜びを与えましょう」という意味です。

昨年の元旦の朝、一人の中年の男性が、お寺から聴こえてくるお経の声に引き込まれ、本堂の中に入って行かれました。その男性は、はじめて聴く真言宗のお経に、心が洗われる思いがしたと言います。

お勤めの後、ご住職は年頭に際し、参拝者に「笠地蔵」のお話をされました。笠地蔵は、代表的な日本昔話の一つです。

貧しくとも心清らかなおじいさんが大晦日に吹雪の中、商売で一つも売れなかった菅笠《すげがさ》を峠の傍《わき》に立つ石の六地蔵さまに順番にお被《かぶ》せし、最後のお地蔵さまには、自分の首にまいていた手拭《てぬぐい》をお被せし、何も持たず家に帰ります。おじいさんから話を聞いたおばあさんは、「それは善いことをしましたね」と、老夫婦共に喜びました。

年越しの夜、老夫婦が寝ていると、笠を被った五人のお地蔵さまと手拭を被った一人のお地蔵さまが、食料・財宝をかついで感謝とお礼のために、おじいさんの家を訪れたという心温まる物語です。

ご住職は、「皆さん、他者《ひと》から〝ありがとう〟と喜んでもらえる施しを互いに心掛けましょう」と、また「他者が先《さき》、自分は後《あと》。これを心すれば、幸せな一年を仏さまから授かります」と、笑顔で話を締めくくりました。

男性はご住職の話しに心を打たれ、「本当の人生の喜びは、他者から〝ありがとう〟と言ってもらえる行ないの積み重ねである」ことに気づかされました。弘法大師は『秘蔵宝鑰《ひぞうほうやく》』の中で、「仏さまの心がけは、慈しみの心をもって他者を優先する生き方にある」と説かれています。

新型コロナウイルス感染拡大は、知らず識《し》らずのうちに、自分を優先的に守る利己主義を引き起こし、他者を慈しむ寛容の精神を忘れがちです。

新しい年を迎え、今一度自身を律して、他者の心を大切にし、互いに「ありがとう」と言える供養と礼拝の実践を軸にして、新年の耀《かがや》かしい歩みを前へ進めてまいりましょう。

いのち——生と死と

大学で学び始めた頃、宗教学の講義で宗教の目的は、「死の不安を除き、この世をいかに生き抜くかを考えること、死を意識して生き抜くこと」であると教わりました。

欧米においては、死について教えるのは教会の役割ですが、日本では死をタブー視する傾向が強く、その役割を担う場所がないのが現状です。

人間が人間として直視すべき「死や生き方」について伝え、考え、学ぶ、場所と人が必要だと思います。

寺の住職である以上、「なぜ、命は尊いのか」について、しばしば質問を受けます。その場合、自身の知識と体験から得た観点から返答をしています。

なぜかといえば、その質問自体が他人の答えで納得できるものではないからです。他人の答えは、各自が考えるための一つのヒント、糸口にはなります。しかし、当人が納得する答えは、どうしても各自で生み出す以外にありえません。

先日、看護学校から依頼を受け、「終末期について」の特別講義をするご縁に恵まれました。私は講義の冒頭で、「命のとらえ方」について次のように話しました。

「宿命《しゅくめい》」身体に命が宿る。

両親、祖父母、ご先祖から命のバトンを受け継ぐこと。自身が親を選んで生まれたか、選べないか、二通りの考え方があります。

『修証義《しゅしょうぎ》』には「願生《がんしょう》此《し》娑婆《しゃば》国土《こくど》し来たれり」とあり、私たちは自ら願って人間世界に生まれて来た。生んでくださる親も自ら選んだ、と記されています。

「使命《しめい》」命は一つ、人生は一度きり。

私たちはよく「命がけで○○する」と言いますが、いついかなる時も命はかかっているのです。その命を使えるのは一度限りです。

「運命《うんめい》」命を運《めぐ》らす。

人生は出会いによって運命が決定づけられます。私たちはご縁によって生かされているのです。まさに運命の出会いです。

「寿命《じゅみょう》」命を寿《ことほ》ぐ。

原語は「言祝《ことほ》ぐ」で、言葉で祝福することを意味します。人生の終焉《しゅうえん》に際して、生き抜いた命を多くの人から「あなたと出会えてよかった」と讃えてもらうことです。

以上、四つの観点から命について考えてみましたが、共通して言えることは「死」を抜きにして「生」は語れない、ということです。人生においても、死という影によって生が鮮明なものになります。

命ある者は必ず死を迎えることを知りながらも、それを見つめることは厳しく悲しいことです。しかし未来に「死」を意識して生きることは、生を見つめ直すことにつながります。

私たちは、一度限りの人生を他者《ひと》を思いやる豊かな心で過ごすためには、「生かされていることと死ぬこと」について、お互いに学び合う姿勢が大切でしょう。

（参考資料『お地蔵山』二八号、地蔵山金剛寺）

Ⅳ

手と手を合わせる

手と手を合わせることを「合掌」といいます。合掌には、幸せを呼ぶ不思議な力が備わっています。

反対に手を拳《こぶし》にすれば、敵対を意味する争いの手となります。私は小学四年生の男の子から、改めて合掌のすばらしさを教えていただきました。

彼のお父さんは、不慮の事故で突然旅立っていきました。家族は彼を含め母親と父方の祖母の三人になりました。

四十九日を済ませ、母親と共に住みなれた田舎町を離れることになりました。

母親が新しい仕事に従事し、一家の生計を立てるためです。

田舎に残った祖母は、夏休み中の初盆に合わせて彼を帰省させました。八月十二日の夕食の時のことです。

突然、祖母の口から「明日はお盆の仏迎えの日で、お父さんが家に帰ってくるよ」と知らされました。彼は子ども心に「明日の朝起きた時、お父さんが家にいる」と思い込んだのです。

もちろん、朝になってもお父さんの姿は見当たりません。さあ、それからが大変です。「おばあちゃんが嘘をついた」と、祖母を責め立てます。

祖母も困って苦し紛《まぎ》れに、「お寺の住職さんが、お盆にはご先祖様が必ず戻ってくるとおっしゃった、もうすぐ住職さんがお参りになるから、聞いてごらん」。

私は何も知らずにお参りにうかがいますと、仏壇の前で彼が神妙な顔をして座っていました。お勤めが終わりますと、開口一番、「お父さんに会わせてほしい」と、目にいっぱい涙をためて話すのです。

一瞬、返答に困りましたが、私はとっさに「両手を出してごらん、右手はお父さん、左手は君や。仏壇の前でお父さんを思い出して手を合わせてごらん。きっと会えるよ」。

このように話し、次のお参りに向かったのでした。お寺に戻っても彼の様子が気になります。その日、私はよく眠れない一夜を過ごしました。

しばらくして八月二十四日の地蔵盆を迎えました。地蔵盆に開催する「一休さん体験」で、彼の姿を見掛けました。彼はすぐさま私に近づいてきて、ニコニコしながら「お父さんに会えた」と言うのです。

私は冗談交じりに「仏壇の中からお父さんが会いに来てくださったの?」と聞くと、首を横に振り「そうじゃない、仏壇の前で手を合わせていると、お父さんが僕の横にいるような気がしただけや」と、笑顔で話してくれました。

この時、私は祈りの根幹は合掌にあることを、改めて学ばせていただきました。

右《みぎ》ほとけ　左《ひだり》われぞと　合わす手の
内《なか》ぞゆかしき　南無《なむ》の一声《ひとこえ》

（作者不詳）

斧を研ぐ老婆——磨針峠で

弘法大師が、ご自身の若き苦悩に満ちた日々を次のようなご文章で綴られています。

径《けい》路《ろ》未《いま》だ知らず。岐《ちまた》に臨《のぞ》んで幾《いく》たびか泣く。(『性霊集《しょうりょうしゅう》』)

どの道に進むべきかに、幾たび泣いたことであろうか、というのです。初めてこのご文章に出会った時、「お大師さまのような方でも、悩み多き日々を過ごされた時期があったんだ」と、驚いた思い出があります。

その後、時を経て、滋賀県大津市の県立近代美術館に日本画家小倉遊亀《おぐらゆき》さんが描かれた二曲一双の『磨針峠《すりはりとうげ》』の屏風があることを知りました。

この作品は、戦後初の第三十二回「日本美術院展覧会（略して院展）」で入選しました。磨針峠は滋賀県彦根市北東部にある、中山道《なかせんどう》の峠です。

とある青年僧が修行を重ねてきたが、どうしてもさとりを開くことができず、あきらめて帰郷の途中、この峠で斧《おの》を研いでいる老婆に出会います。

その時、老婆と修行僧の視線が合います。「あなたは何を研いでいるのか」、そう青年僧が尋ねると、老婆は「今まで使っていた縫い針が折れてしまったので、斧を研いで一本の針を作っています」と笑顔で答えました。

青年僧はこの光景に出会い、斧から一本の針を研ぎ出すまでには、とてつもない時間がかかるはず。そこで、精進を重ねたつもりだったが、求道心が希薄だったと自分の怠惰に気づき、修行の道に戻る決心をしました。

峠の一方に立つ老婆は観音さまの化身で、もう一方に立つ青年僧は若き日の弘法大師である、という説があります。

悟りきれず、己の弱さに気づきながら、悶々《もんもん》と山羊歯《やましだ》の生える山道をゆく青年僧の目と、青年僧の迷いを解かんと導く老婆の目に、見る者は引き込まれてゆきます。この見事な作品に、作者小倉遊亀さんのただならぬ気概を感じます。

（参考資料『生かされている命』桐生公俊、『滋賀県立近代美術館名品選』滋賀県立近代美術館）

坐

「東日本大震災」を特集したテレビ番組で、歌手の福山雅治さんが被災地を訪れて、ヒットソング「家族になろうよ」を熱唱していました。

歌の終盤で「いつかお父さんみたいに大きな背中で、いつかお母さんみたいに静かなやさしさで、どんなことも越えてゆける家族になろうよ」の歌詞を聞いて、会場の多くの方が勇気づけられ目頭を熱くされていました。

この情景を見て、とりわけ「お父さん」「お母さん」という言葉には、他の言葉にはない特別な響きがあるように感じました。

以前、四国八十八ヶ所の巡礼を終え、高野山奥之院にお礼参りをさせていただいた時のことです。

弘法大師の御廟前にある燈籠堂《とうろうどう》でお勤めを終え、満願の朱印をいただいて参道を歩いている時、同行の男性の方から突然「坐《すわる》」という言葉の意味について尋ねられました。

その男性は、お勤めを終えた時、ふと「坐」という字が心に浮かんだようです。私は、その場で即答できず宿題として持ち帰り、辞書を引きましたが納得のできる答えは見つかりません。

数日後、書棚に並べていた『心の杖言葉』（石川洋著、八浄寺発行）に気づき、ページを開きますと、あざやかな赤い「坐」の一字が目に止まりました。字の横には「坐し給う二人の方は、父なるか母なるか」と、一文が添えられています。

その時ハッと気づかせられました。「坐」は「土」と「人」二文字で構成された漢字です。

「土」という漢字の、上方の短い横「ㇾ」は肩、下方の長い「ㇾ」は足。縦の「|」は上半身をあらわします。つまり「土」は、足を組んであぐらをかいてすわる姿です。

その肩のところに、人の字が二つあります。一人がお父さんで、もう一人がお母さんです。それが「坐」です。

坐るという行為は、生きている証《あかし》です。よく考えると、人は生きているから、坐ることができるのです。亡くなると、坐れなくなります。

しかし私たちは、ついつい自分の力だけで生きていると勘違いするのです、両親より授かった命によって生かされている自分であることを忘れてはなりません。せめて仏さまの御前に坐した時は、そのことを思い出すよう私たちを戒めているのが、「坐」という字の深秘釈ではないでしょうか。

私はすぐに質問をしてくださった男性に「宿題ができました」と電話を入れ、「坐」にまつわる一連の話をしますと、電話の向こうで涙声が聞こえてきました。

その男性は「お大師さまが、私の父への親不孝を全てお見通しで、亡きあとの供養を怠ってはならない、ということを戒めてくださったのですね」と話したのです。

蝉の死骸に

高等学校で教員を勤めている、夏休みのことです。一人の生徒が、蝉の死骸を大切そうに持って私のところへ来ました。

「先生、この蝉かわいそうやから、拝んでもらえませんか」ということで、私は彼と二人で心ゆくまで般若心経をお唱えし、供養をしてから山に葬りました。

彼は普段あまり目立たない生徒で、おとなしいだけかと思っていましたが、私は自分の目が節穴だったことに気づきました。

現代社会では、「生命尊重」という言葉だけが幅を利《き》かせ、現実には傷害事件などが後を絶たない、どこかおかしい世の中です。このような厳しい社会現況にあって、蝉のいのちを思いやる彼の純真な心に思わず手を合わせました。

供養の後で、「蝉は地上で十日しかない生命を、精一杯生きているから好きなんや」と語ってくれた彼の姿は耀いて見えました。

近代の急速な科学技術の発展で、私たちは豊かな生活を送ることが、ごく当たり前になりましたが、その反面で環境を破壊する人間の歯止めなき我欲によって、地球全体にさまざまな「狂い」が生じ、確実に人心の荒廃をもたらしています。

弘法大師は『萬燈萬華会《まんとうまんげえ》の願文《がんもん》』の末尾で、

排虚《はいきょ》、沈地《ちんち》、流水《りゅうすい》、遊林《ゆうりん》、惣《す》べて是れ我が四恩なり。同じく共に一覚に入らしむ。

と述べられています。つまり、空を飛ぶ鳥、地中の虫、水中の魚、林を駆け巡る動物、総じて宇宙に存在するすべてのいのちが、平等に覚りを得て成仏することを、高野山の法会において弘法大師は祈られたのです。

「宇宙に存在するすべてのものに平等ないのちが宿っている」という考え方が、地球全体の「狂い」を正常化へと導く道標となることを願わずにはいられません。

蝉の死骸に、いのちの尊さを感じた彼の心の耀きこそ、真の「生命尊重」といえましょう。


（参考資料『いのちつながる』松長有慶）

因果とは

高等学校の教員時代に、仏教の開祖お釈迦さまの足跡を訪ねて、インド北部からネパールにかけて、広大な山のすそ野をバスで何日も走り続けて旅をしました。古《いにし》えの時代、お釈迦さまがこの道を歩いて教えを説かれ、多くの人々をお救いなさったことを思うと、感極まるものがありました。

お釈迦さまの言葉を、具体的に短い詩の形にして集めた経典が『ダンマパダ』（『法句経』）です。数ある経典の中でも基本的な仏教の指針を示し、「日常生活の心構え」や「物事の考え方」を広く説かれています。

その中に「因果の法則」があります。「縁起」、「因縁」も同じで、あらゆる出来事は、必ず何らかの原因によって起こり、すべて原因があって結果がある、そういう関係でつながっているという意味です。

つまり、物事には全て因果がある、と断言するのが仏教（お釈迦さまの教え）の普遍的な考え方です。『ダンマパダ』には、因果の法則を示す言葉が次のように説かれています。

ものごとは心に導かれ、心に仕え、心によって作り出される。もし人が汚れた心で話をし、行動するなら、その人には苦しみが付きしたがう。あたかも車輪が、それを牽《ひ》く牛の足に付きしたがうように。

ものごとは心に導かれ、心に仕え、心によって作り出される。もし人が清らかな心で話し、行動するなら、その人には楽が付きしたがう。あたかも身体から離れることのない影のように。

この二つの教えは、言い換えれば「全ての原因は自分にある」という厳しい観点に立って説かれた、因果必然の道理です。

因果必然とは、たまたまの偶然はないということです。私たちは自分に都合の悪いことが起こると、よく他人のせいにしますが、自分の身の回りに起こることを素直に受け入れ、怠ることなく前向きに人生を歩むことが、お釈迦さまの心に添う生き方であるといえましょう。

汗かき地蔵

高野山奥之院の入り口である一の橋から、老杉《ろうさん》の大木に囲まれた参道を進むと、中の橋のたもとに、汗かき地蔵さまがまつられています。

このお地蔵さまは私たちの苦を身代わりとなって受け、そのため一年中、汗を流していると信じられています。

『地蔵十輪経《じぞうじゅうりんきょう》』の中に、「地蔵尊は諸地獄に遊戯《ゆげ》し、決定《けつじょう》苦を代わりて受く」と述べられ、これをお地蔵さまの「代受苦の誓願」といいます。「遊戯」とは、仏の境地に徹して、それを喜び楽しむという意味です。

お釈迦さまが入滅して五十六億七千万年経つと、弥勒菩薩がこの世に下生《げしょう》されると伝えられていますが、それまでの間、お釈迦さまより一切衆生を導き救済するようにとの命《めい》を受けているのが、お地蔵さまです。

お地蔵さまのお姿は、僧形で右手に錫杖《しゃくじょう》、左手に如意宝珠《にょいほうしゅ》を持ち、道の傍らや町中のお堂に祀《まつ》られています。

錫杖は、遊行《ゆぎょう》（諸国を巡る修行の旅）の道具で、悩み苦しむ人があれば、いつでもどこでも、時間空間を越えて行きますということを示します。また如意宝珠は、抜苦与楽《ばっくよらく》（苦を抜き、楽を与える）の願いを、心のままにかなえる宝の珠《たま》です。

私たちが、お地蔵さまに親しみを感じるのは、そのお姿とご誓願にあるのです。また、「地蔵」の「地」は大地のことで、あらゆるものを支え、生み育てる力を意味します。「蔵」は母親が子どもを包み込む母胎のように、すべてのものを包み込む蔵《くら》のことです。

お地蔵さまのご真言は、「オンカカカビサンマエイソワカ」です。オンは「全てお任せする」、カカカは「笑い声」、ビサンマエイは「極めて希《まれ》な」、ソワカは「速《すみ》やかな成就」を意味します。

つまり、「いつもにこやかなお地蔵さまに全てお任せし、物事の成就をお願いする」と解釈するのが善いでしょう。

世の中に苦のない人はいません。私たちの身代わりとなって苦を受け、汗を流しておられるお地蔵さまを前にすると、手を合わさずにはいられません。

人の心を大切にして、お地蔵さまのように、いつもにこやかであたたかいお顔になりましょう。

オン・ニコニコ腹立てまいぞソワカ

（西有穆山《にしありぼくざん》禅師）

四無量心

弘法大師は『秘蔵宝鑰《ひぞうほうやく》』の著述の中で、次のような名句を残されています。

「菩薩の用心は、みな慈悲を以《も》って本《もとい》とし、利他を以って先《さき》とす」

（仏さまの常なる心掛けは、慈しみの心を軸として、他者《ひと》さまの役に立つことを自分の喜びとする）

非常勤講師として週に一度、大学に通っていた時のことです。一年を通して、おだやかな日も厳冬の風雪の日も、目立つことなく陰で、ゴミ拾いをもくもくと続けている心優しい一人の学生がいました。

みかえりを求めず、他者のために尽くす彼の不言実行は真に清らかな姿でした。真言宗では、他者に喜びを与え自分自身も心豊かに生きるための四つの実践行を説いています。これを「四無量心《しむりょうしん》」といいます。

一つには慈《じ》無量心、二つには悲《ひ》無量心、三つには喜《き》無量心、四つには捨《しゃ》無量心です。

慈無量心「すべてのものに慈しみの心を持ち安楽を与えること」
悲無量心「他者《ひと》さまの悲しみを共有し苦を和らげること」
喜無量心「喜びを他者さまに施すこと」
捨無量心「自我を捨て他者さまの幸せを祈ること」

この四つの心は、仏さまの四徳で「仏心」といいます。

本来、仏心は自分の心中にあって、自分が他者のためにはたらき掛けをすることから、真の生きる喜びが生まれるのです。

私たちが、日常よく使う「働《はたらく》」という漢字は、「人」が「動く」ことを示し、「はた（他者）」を「らく（楽）」にするという解釈もあります。

つまり、自分と他者が一つになった自他の世界が、仏道の根本理念といえるでしょう。

四無量心の実践が菩薩道であり、仏さまの教えを明るく悠々と日常に生かす上で、最も大切な教えです。

お薬師さま

私が住職を務めます「瑠璃光山醫王寺《るりこうざんいおうじ》」の所在地である和歌山県海草郡紀美野町は、かつて弘法大師が中国より伝来したと伝えられるシュロ産業が栄え、また紀美野町から高野山に至る高野西街道（国道三七〇号）は、高野山へ上る西の参詣道として親しまれてきました。

醫王寺の歴史は、現在地より西へ一丁半（約一六〇メートル）の地に、高野領の西を護る番所「大日堂」が建立されたこと（建立年代不明）に端を発します。

その後、徳川時代の享保六年（一七二一）、榮鏡和上により弘法大師作と伝えられる、本尊薬師如来が安置され、寺号を取り瑠璃光山醫王寺と称するに至りました。

薬師如来の正確な名号《みょうごう》を「薬師瑠璃光如来《やくしるりこうにょらい》」といい、東方瑠璃光世界の教主といわれ、人々の求めに応じて功徳を施す「薬師十二大願」という誓願を立てられています。

その中で第七の大願「除病安楽《じょびょうあんらく》」があります。それは「もし人々が種々の病で苦しんで命が差し迫り、医薬の施しもなく、親族・家にも恵まれず、貧困の生活苦にあっても、薬師如来の名を一度《ひとたび》聞けば、病が除かれて身心の安楽を得て、生活も安定し、無上の覚りが完成する」と述べられ、お薬師さまの誓願を明確にあらわしています。

薬師如来が、「お薬師さま」と親しまれるのは、生きている人の病気の苦しみをこの世で救っていただける現世利益《げんぜりやく》の仏さまであるからです。

「ここのお薬師さまにお参りして病気が善くなった」というように、全国各地には、いろいろな霊験をあらわすお薬師さまがあり、至心に手をあわす人が今に絶えません。

私自身も、「醫王寺のご本尊さまを拝ませていただいて、病気がよくなりました、心が楽になりました」と、お参りの皆さまから有り難いお話を聞くと、お薬師さまの功徳の深さが身に染みます。

先般、国立京都国際会館で開催された「第十八回日本臨床腫瘍学会学術集会」の開会式で、「新型コロナウイルスにおけるがん患者、医療従事者に向けて」というテーマで法話をさせていただくご縁に恵まれました。

目に見えないウイルス感染の恐怖に怯《おび》えている方々が求めているのは、「心」の救いでした。もちろん「身」は医療従事者の領域です。しかし、「身」だけでは本当の救いを得ることはできません。

身体と心（身心）が共に救われてこそ、真の楽を得ることができるということを、当集会を通じて痛切に感じました。

お薬師さまの別名を、「医王如来」「大医王」と言われるのは、身心の病苦を救ってくださる仏さまであるからです。

「閑林に独坐す」

昭和四十七年（一九七二）、ニューヨークのコロンビア大学から上梓された Kūkai Major Works（『空海とその主要著作』）は、羽毛田義人《はけだよしと》先生によって執筆された、英語による初めての弘法大師空海の入門的学問書です。

羽毛田先生は、高野山大学ご出身の選り抜きの俊才で、戦後間もない昭和二十七年（一九五二）に、高野山がアメリカへの「密教宣布」、「真言宗海外布教」の先駆的役割を託した学僧です。

アメリカの大学で学究生活を重ね、昭和三十五年（一九六〇）にイエール大学

コスモス

ミヤコワスレ

から博士号を取得され、翌年にはコロンビア大学教授に就任し、以後、研究と後進の指導に専心されました。

惜しくも昭和五十八年（一九八三）に五十九歳で逝去されましたが、先生の指導を仰がれた方々の多くは、アメリカ、ヨーロッパの主要大学で教職に就かれています。

羽毛田先生は、弘法大師があらわした「宗教詩」が、真言密教を理解する上で重要な鍵（ポイント）であると教示されています。

その一つに、弘法大師が高野山の大自然の魅力を詠まれた「後夜《よあけ》に仏法僧の鳥を聞く」と題した有名な詩文があります。

閑林《かんりん》に独坐《どくざ》す草堂《そうどう》の暁《あかつき》
三宝《さんぼう》の声一鳥《こえいっちょう》に聞《き》く
一鳥声《いっちょうこえ》あり人心《ひとこころ》有《あ》り

声心雲水倶《せいしんうんすいとも》に了了《りょうりょう》

先生は、「この七言絶句は、古来の読みくせにしたがっても美しい」とされた上で、同詩の現代語による達意訳を次のように掲げられています。

暁《あかつき》の閑《しず》かな林の草堂に
独り坐禅を組んでいるそのおり、
仏・法・僧と遥かに鳴く　名も知らぬ鳥の声を耳にした。
三宝を讃える鳥の声！
私はたしかに聞いた　この心で。
鳥の声も　私の心も　雲も　小川も　草露も、
東雲《しののめ》破る大日の光に荘厳に融《と》け合う。

さらに同詩について、こう述べます。作詞の場所は高野山上の清冽《せいれつ》な谷川近くの或る草庵に於いてであり、時は新緑したたる爽《さわ》やかな初夏の早暁《そうぎょう》であったと想像される。「兀然《こつねん》として独坐」、本尊の三摩地《さんまぢ》に浸って空海が、出定《しゅつじょう》前後の一瞬の印象を定着させたのが、このような自然主義的傾向豊かな詩であったと思われる、と考察されています。

平成八年（一九九六）には、羽毛田先生との知遇を得て最後の門下生となった、阿部龍一師の手によって、Kūkai Major Works の日本語訳が刊行されました（『空海密教』春秋社）。阿部師は同書の「あとがき」で、次のような羽毛田先生の言葉を引かれています。

「空海は、彼の得た宗教体験を完全に言葉で表現することが最終的に不可能であることを承知していた。……それが論理的記述のとらえうるかなたの世界にあるのは言うまでもない。……日常的言語表現の枠にとらわれない詩の世界に、空海は一層生き生きと宗教体験を描いている」と。

私は今まで、弘法大師の言葉を難解な哲学的表現として、とらえていました。しかし、羽毛田先生の著作と出会い、詩に描かれている弘法大師の宗教体験を、感覚的にとらえる生きた学びを得ることができました。

その魅力を一人でも多くの方にお伝えしたいものです。

忘行とは

仏教に「忘行《ぼうぎょう》」という戒めがあります。つまり「善いことをして忘れる」ということです。他者のために尽くして忘れる、ということは難しいことですが「忘れて初めて善いことになる」と教示されています。

お釈迦さまが説かれた善行の意義は、次のような仏教説話として語り継がれています。

ある日、お釈迦さまが弟子に向かって「生きている間に、同じ悪事をなしても、地獄に落ちる人と落ちない人がいる。どうしてそのような差が出るのかわかりますか」と問いかけられました。誰からも答えは出ません。

ここでお釈迦さまがヒントを出します。「手のひら一杯の塩を、小さな茶碗の水に入れると、どうなるかな」。すると、弟子の一人が答えて、「塩辛くなって、とても飲み水にはなりません」。

問答は続きます。「では同じ量の塩を、ガンジス川に投げ入れると、どうなるかな」、「ガンジス川の水には何の変化も起こりません」。

「そう。人が生きていれば、知らず知らずのうちに悪事をなす。だから普段から他者《ひと》が喜ぶ働きをいっぱい心掛けて生活することが、ガンジス川のように悪事を軽減し身心を清めることになるのだよ」。

多くの弟子は、お釈迦さまの説法に触れ、善行の実践が過去におかしたあやまちを清め去り、無量の善根功徳を積み上げることになる、と覚ったのです。

おかした悪事は善行によって解決に向かいます。しかし、ここで大切なことは、自分の善行を決して自慢しないことです。

自慢しない忘行が真の功徳となって自身にめぐらされることを、「陰徳浄行《いんとくじょうぎょう》」といいます。「陰徳を積む」とは、まさにこのことです。

「善いことをして忘れる」という忘行の実践が、耀く人生の扉を確実に開いてくれます。

「見送り七歩」

「出迎え三歩、見送り七歩」という言葉を教わったことがあります。出迎えも大切ですが、見送りの礼を尽くすことに、他者の心が定まるという意味です。

私には忘れることのできない、ひとつの「お見送りのお姿」があります。それはご縁を得て、高野山大学の学生時代に開教研修生として渡米した時のことです。

当時、高野山北米開教総監の高橋成通《たかはしせいつう》先生に知遇を得て、週に一度は先生のお宅におうかがいして教えを仰ぎました。

そのたびに、日常生活の怠慢さを鋭く指摘され、「仏さまと両親のお加護を忘れることなく、しっかりと精進せよ」と戒めてくださいました。そして帰りには必ず、奥様共に私の姿が見えなくなるまでお見送りを受けました。

一年の任期が満了し、帰国直前に色紙を持参して、「研修の終了に際し何か書いてください」とお願いをしました。

先生は「あんたのためなら、書かんわけにはいかんじゃろ」と、「《あうん》」の梵字二文字を揮毫《きごう》くださいました。色紙を渡してくださる時に、「この二文字が宇宙の全てです」と話されました。忘れられないお言葉です。

最後に先生とお会いしたのは、高野山のお寺でした。同行した友人と共に教えを仰ぎ、帰りには数珠をたまわって、玄関から私たちの姿が見えなくなるまで見送ってくださいました。

私はその時、なぜか何度もふり返って先生の慈顔を拝した思い出があります。

その翌日、先生は忽然と遷化されました。

玄関で見送りに立つ人の姿は、その方の人間性そのものです。出迎えは誰でも

成通

できますが、他者の後ろ姿に礼を尽くす人は少ないように思います。

現在、自坊の客間に安置する「𑖀・𑖮𑖳𑖽《あうん》」二文字の色紙額を拝するたびに、高橋成通先生のお見送りのお姿が心によみがえります。先生は今、広大無辺な大日如来の世界に在《おわ》します。

三宝に帰依する

聖徳太子の十七条憲法の第二条に、「篤《あつ》く三宝を敬え。三宝とは仏法僧これなり」とあります。

三宝の仏とは、仏さま（真理に目覚めた人）。法とは、仏さまの覚った教え（真理）。僧とは、仏さまに帰依し、その教えを信奉する人々を意味します。つまり、仏教が示す三つのよりどころが「三宝」です。

仏教（お釈迦さまの教え）は、中央アジア・中国・朝鮮半島を経て日本に伝えられました。その時、国のあるべき姿を求めていた聖徳太子は、仏教を日本の国づくりの中心に据えられたのです。

太子が理想とした、篤く三宝を敬う仏教の精神は、やがて国家体制へと結実し、日本の歴史と文化に大きな影響を与え、人びとに救いをもたらしました。三宝にまつわる次のようなお釈迦さまのエピソードが残されています。

インドの北部のベナレスの街で、ぜいたくの限りを尽くして歓楽の生活にあけくれているヤサという富豪の青年がいました。しかし、ある日ふと華やかな日々がむなしくなり、「ああ実に悩ましい、煩わしい」と口ずさみながら歩いていました。

朝早く、街でその姿を見かけた修行中のお釈迦さまはこう言われました「ヤサよ、ここに来て坐るがよい。ここに悩みはない、煩いはない」と。

お釈迦さまはヤサに対し、人間の真の幸福について諄々と教えを説かれました。ヤサは、「尊い方よ、あたかも倒れた者を起こすように、覆われたものを開くように、方角に迷った者に道を示すように、あるいは暗闇の中に油の灯火をかかげるように、教えを明らかにされました」と感動し、お釈迦さまの弟子になることを願い出ます。

この時、お釈迦さまはヤサの入門に際し、次の「三帰依文《さんきえもん》」を三度くり返して唱えるよう教示しました。

わたくしは仏に帰依します。
わたくしは法に帰依します。
わたくしは僧に帰依します。

この時以来、お釈迦さまの弟子になりたい者は、誰でも三帰依文を三度くり返して唱えることで、入門が許されるようになったのです。

帰依というのは、「よりどころ」という意味です（南無も同じ意味です）。

聖徳太子が国づくりの真最中であった時代に、仏教の根幹ともいえる「三宝を敬う精神」をもって、平和で豊かな国づくりを憲法の冒頭で表明されたことは、特筆すべきことでしょう。

開教師の祈り

「海外開教」（海外における布教）に初めてご縁を得たのは、高野山高等学校在学中に研修旅行で真言宗ハワイ別院を訪れた時のことです。

その時に拝聴した加登田哲英《かとだてつえい》大僧正の法話は、今も時折思い出すほど印象深く、感受性の強い高校生にとっては、まさに一期一会の出来事でした。

その法話は、昭和八年（一九三三）に開教師としてハワイ島のホヌアポという小さな耕地の布教場に赴任した直後を回顧されたものでした。

当時、多くの日本人が移民としてハワイに渡り、サトウキビ耕地で言語を絶する過酷な労働に身を投じていました。以下、法話の要旨です。

私は掘建小屋にも等しい布教場に全く失望し、教団の一老人に「これでは辛抱できないから、日本に帰らせていただきます」と言いました。するとその老人は、「開教師さん、どうか不平を言わず辛抱してください。私たちが最初に来た時は、もっとひどいあばらやに住み、トイレも男女がいっしょでした。長い板に穴をあけ、そこに一列に横隊に男女がいっしょに腰をかけて用をすませる。聞いても信じられない事実です。そして朝早くから夜おそくまで牛馬の如くこき使われて、全く苦しみの連続でした。

しかし、その時、私たちの口を突いて出たのはお大師さまのご宝号でした。「南無大師遍照金剛」のご宝号によって、苦しみに打ち勝ち、万死に一生を得た気持ちでした。我々が今日ありますのは、全く信仰のおかげです。

開教師さん、先生はお大師さまのお弟子で、開教のために来られたのではありませんか。辛抱してください。私たちが血と涙で育て上げたこの移民の花を、どうか信仰の力で、散らさず大きく育て上げ立派な市民としてください。先生お願いします」と老人は、涙を流して合掌したのです。

私は返す言葉もありません。打ちのめされる思いでした。そうだ、私はハワイに遊びにきたのではない、開教に来ているのだ、立教開宗のため全身全霊を打ち込まれたお大師さまのご苦労を忘れてはならない。

私はそれ以来、私心を捨てて開教に精進する決心をしたのです。

この感動的な法話を思い出すたびに胸が熱くなり、心を正すことができます。人は時として、心に感動を呼び込むことが必要なのではないでしょうか。

真言密教の覚り

学生時代、友人に導かれて山中にある真言宗のお寺を訪ねました。境内に入りますと、ただならぬ空気感で身が引き締まったことを思い出します。

ご住職との面会が許され、私は思わず「真言密教の覚りとは、どのような境涯ですか」と質問しました。

すると、「たとえば、弓矢で標的《まと》を狙うとしよう。下手な人は、狙ってもかえって標的を遠くに見ることすらある。少し腕が上がれば、標的が大きく見えてくる。達人は、構えた段階で標的に当たってしまう。だから、当たってから矢を放せばいい。そういう世界が真言密教にはある」と話されました。

さらに、「六大無碍《ろくだいむげ》という、弘法大師が説かれた宇宙全体がつながっている世界観のレベルに入れば、当たってから矢を放す、できてからすることが可能になる」と。

そして、徳川幕府で初めて指南役を務めた剣の達人、柳生宗矩《やぎゅうむねのり》のエピソードを話されました。

満月の美しい夜、柳生宗矩が弟子二人と池のほとりを歩いていました。池の水面に満月が映り、その美しさに宗矩は思わず魅入《みい》るように眺めています。と、そのとき突如、宗矩が「敵が忍び込んだ、探せ」と言うのです。

慌てた弟子が必死で探しますが、誰も見当たりません。すると、一人の弟子がヘナヘナと坐り込み、「殿が水面の満月に引き込まれているように見えた時、今なら殿を打ち込めるのではないかと、つい思ってしまいました」と。

隙《すき》があればいつでも打ち込め、と常日頃、宗矩は言っていたのでした。けれども、宗矩のような剣の達人であれば、それは全てお見通し、ということでしょうか。

宗矩は、「目で見るを見《けん》と言い、心でみるを観《かん》と言う」という名句を残されています。つまり、「見えるものだけを見て判断するなかれ、心の目で真実を観《み》ることが肝要である」ということです。

目で見える表面的なことだけに囚われて、物事の本質を見落としてはいけない。ご住職からたまわった「弓矢の話」は、真言密教の本質を体解《たいげ》された深い境涯から語られた真理であることを、今あらためて痛感しています。

あとがき

気がつきますと、仏道を歩み始め四十有余年の年月が流れました。

厳しかった父から人間形成、精神修練のために高野山高等学校への進学を薦《すす》められたことがすべての原点です。

高野山が舞台となり、実直に弘法大師の教えの道を生きる方々との数多の出会いをいただきました。

師僧故・山階清弘《やましなせいこう》大僧正は、大衆に教えを弘める「布教の必要性」を、折に触れご教示くださいました。

大学の講演伝道部に籍を置き、各地を巡って布教伝道のイロハを経験させていただいたのも、師僧の教導によるものでした。

高野山高等学校での十九年間の教員生活は、多感な生徒とのふれあいの中で、布教の基盤を植えていただく好機となりました。

その後、高野山大学、高野山専修学院で布教の講義を担当させていただき、無学な自分自身を省みるとともに、「教えて学ぶ」意義の深さを知り得ました。

この一連の有り難い仏縁は、すべて重々《じゅうじゅう》帝網《たいもう》なるお大師さまの贈り物です。

本年、住職を務めます醫王寺は開創三百年を迎え、念願であった新本堂が落慶いたしました。

この慶事を一つの節目として、教学部長在任中の折々に書き留めましたものを、法話集としてまとめてみては、とのお言葉をいただきました。

その意義をふまえ、春秋社社長神田明氏のご厚情と佐藤清靖氏のご尽力を得て、上梓させていただく運びとなりました。

本書がお読みいただく方にとって、なにがしかの力となりますなら幸いです。

さらに願わくは、本書が転法輪の一助となりますならば、これ以上の喜びはございません。

橋本真人　合掌

三月二十一日

著者略歴

橋本真人（はしもと　しんにん）

1962年、大阪府岸和田市に生まれる。

1985年、高野山大学文学部密教学科卒業。

高野山高等学校教諭、高野山専修学院能化、高野山大学非常勤講師、高野山真言宗教学部次長等を経て、現在、総本山金剛峯寺執行、高野山真言宗教学部長、高野山真言宗国際局長、高野山布教研究所所長、高野山高等学校校長。高野山真言宗 醫王寺住職。

弘法大師の贈り物

二〇二一年五月四日　第一刷発行

著　者　橋本真人

発行者　神田　明

発行所　株式会社　春秋社

東京都千代田区外神田二―一八―六（〒一〇一―〇〇二一）

電話〇三―三二五五―九六一一　振替〇〇一八〇―六―二四八六一

https://www.shunjusha.co.jp/

印刷所　株式会社　太平印刷社

製本所　ナショナル製本協同組合

挿　画　橋本佳泉

装　丁　野津明子

定価はカバー等に表示してあります

ISBN978-4-393-13449-8